POLÍTICAS DE INSPIRACIÓN CRISTIANA EN ESPAÑA

(1908-2015)

Una contribución a su estudio

RAMÓN BATALLER SIFRE

2016

DATOS DEL AUTOR

Nacido (1934) en Rotglá-Corberá (Xàtiva, La Costera,Valencia), médico, Prof. Titular de Universidad (Medicina Interna), estudió Bachiller en el Instituto Nacional de Enseñanza Media José de Ribera de Xàtiva y la Licenciatura de Medicina en la Universitat de Valencia (1951-57). Inició su actividad clínica en 1954 tras obtener plaza de Alumno Interno "por oposición" para el Hospital Provincial y Clínico Universitario. Elaboró su Tesis Doctoral en la Universidad de Munich, que defendió en Valencia (1969), con sobresaliente cum laude.

Durante su estancia de el Colegio Español de Munich (1959-62), becado sucesivamente por el Ministerio de Educación Nacional y la Fundación Juan March, tuvo ocasión de conocer personas de especial relieve que en dicha ciudad ampliaban estudios o bien que la visitaban (José Mª Javierre Ortas, Ramón Arnau García, Pedro Laín Entralgo, Antonio María Rouco Varela, Enrique García Asensio, Mario Monreal Monreal, entre otros), con algunos de los cuales trabó duradera amistad.

Especialista en Medicina Interna y Aparato Digestivo, es miembro fundador de la Sociedad Española de Hepatología (1969), pertenece a la Cátedra de Eméritos de la Comunidad Valenciana y al Instituto Médico Valenciano. Es miembro de honor de la Sociedad Española de Aparato Digestivo (2005), de la alemana de Medicina Interna (2009) y del Colegio Oficial de Médicos de Valencia (2012).

Autor de más de un centenar de artículos en Revistas de Medicina Interna, Aparato Digestivo y Hepatología, ha trabajado estos últimos años (desde 2004) como conferenciante, en particular acerca de la materia de Toxicología Clínica, escasamente potenciada en nuestro medio social y universitario. Producto de estas dedicaciones publicó (2004) el texto "Toxicología Clínica", en colaboración con otros médicos de la Escuela Valenciana de Medicina, y editado por la Universidad de Valencia. Formó parte (1971-72) del grupo de "Profesores Fundadores" de la Facultad de Medicina de Murcia.

Su dedicación como clínico y profesor "agregado" y "titular", respectivamente en las Universidades de Murcia y de Valencia, durante 5 décadas, le llevó a publicar (2012) el opúsculo "Medio siglo en la Facutad de Medicina de Valencia (1954-2004)", editado por Obra Propia S.L.

Su dedicación clínica y universitaria no la ha impedido seguir con atención y cierta participación (UDPV, UCD, PDP y DC) la corriente política cristiano-demócrata, desde los años 60 (en que coincidió en Munich con el llamado "contubernio", en donde se preparaba la transición que vendría al fallecimiento del general Franco) hasta hace pocos años en que dicha orientación político-social ha venido yendo a menos hasta nuestros días, diluida y como sesgada en el Partido Popular, pero perpetuada por los partidos Unió Democrática de Cataluña (UDC) y el Partido Nacionalista Vasco (PNV), si bien en Valencia fue liderada dicha opción, en las elecciones de 1977, por parte la Unió Democrática del País Valencià (UDPV), partido que no ha vuelto a concurrir, desde entonces, a las consultas electorales, tras su menguado resultado en aquella ocasión. Con todo ello, y tras revisar la literatura al efecto (y mucho material de la prensa valenciana, catalana y española), ha entendido como justificado contribuir con este texto a un mejor entendimiento de lo acontecido y vivido en este largo tramo (siglo XX y principios del XXI), respecto a la conjunción de lo político y lo social, con énfasis en la Comunidad Valenciana, notablemente invertebrada en cuanto a su mapa político, pero también desde el punto de vista doctrinal, ya que, según el autor dicha orientación cristiano-demócrata encierra un contenido y capacidad casi envolvente que podría sustituir (o implementar) el decadente y hasta penoso ejercicio de la política en nuestra sociedad.

ÍNDICE

ABREVIATURAS

ACNP, Asociación Católica Nacional de Propagandistas.

AP, Alianza Popular.

BNV, Bloc Nacionaliste Valencià.

CDC, Convergència Democràtica de Catalunya.

CDS, Centro Democrático y Social.

CDU, Christliche Demokratische Union.

CE, Coalición por Europa.

CEDA, Confederación Española de Derechas Autónomas.

CEU, Centro de Estudios Universitarios.

CIS, Centro de Investigaciones Sociológicas.

CIU, Convergència i Unió.

CSU, Christiche Soziale Union.

DC, Democracia Cristiana.

DRV, Derecha Regional Valenciana.

DSC, Democracia Social Cristiana.

EMV, El Mercantil Valenciano.

ERC, Esquerra Republicana de Catalunya.

FHD, Fundación Humanismo y Democracia.

FPD, Federación Popular Democrática.

IDC, Internacional Demócrata-Cristiana.

ISO, Instituto Social Obrero.

IDC, Izquierda Demócrata Cristiana.

PCD, Políticas Cristiano-Demócratas.

PDC, Partido Demócrata Cristiano.

PDP, Partido Demócrata Popular.

PL, Partido Liberal.

PNV, Partido Nacionalista Vasco.

PP, Partido Popular.

PPDC, Partido Popular Demócrata Cristiano.

PPE, Partido Popular Europeo.

PSOE, Partido Socialista Obrero Eapañol.

PSP, Partido Social Popular.

SPD, Soziale Partei Deutschland.

UCD, Unión de Centro Democrático.

UDC, Unió Democràtica de Catalunya.

UDE, Unión Democrática Española.

UDPV, Unió Democràtica del País Valencià.

UE, Unión Europea.

UPyD, Unión Progreso y Democracia.

USO, Unión Sindical Obrera.

UV, Unió Valenciana.

DEDICATORIA

* A la memoria de Luis Lucía Lucía, Joaquín Maldonado Almenar, Vicente Ruiz Monrabal, Manuel Giménez Fernández,

* A cuantos desde tiempos remotos han trabajado en favor del conjunto de los humanos sin imponer sus criterios por la fuerza.

* A cuantos en la consecución del bien común (a lo Santo Tomás de Aquino) han buscado la paz, con respeto a toda persona y a la libertad.

* A cuantos, "a tiempo y a destiempo", han propagado los valores del Evangelio como vertebradores de la justicia y de la paz compartida (p.ej. el grupo "Cristanisme i Justicia", de Barcelona, promovido y mantenido por la Compañía de Jesús-10- y la Revista periódica "Cuadernos para el Diálogo", creada por Joaquín Ruiz Giménez).

* A cuantos, ya en Democracia, no cesan ni cejan en defender los principios que la conforman, en aras de una justa distribución de la riqueza (17), sin esperar nada a cambio y sin componendas sospechosas (16,19,20,21,25,26 y otros).

* A todas las personas con las que me he relacionado estos 80 años, en lo personal y/o profesional, con las que he compartido o debatido criterios de convivencia en un plano auténticamente dialógico.

*A mi familia, amigos y correligionarios ideológicos vs creenciales, por sus enseñanzas, paciencia, afecto y cariño para conmigo.

"No logro entender qué Biblia leen quienes dicen que no hay que mezclar religión y política"

Desmond Tutú.(fig.1)

(Obispo Anglicano de Ciudad del Cabo.
Premio Nobel de la Paz, 1984)

INTRODUCCIÓN

Desde mi dura experiencia como niño (de 1,5 a 5 años) durante la Guerra Civil Española (1936-39) y años posteriores, acaricio permanentemente la idea de la Paz, de la desaparición de las guerras , que en buena parte comportan el armamentismo (y viceversa, pienso), que supone un volumen económico de primer orden en el concierto internacional. Los ímprobos esfuerzos por la paz de tantas personas e instituciones han dado apenas otros resultados que los derivados del miedo que supondría el empleo de las armas atómicas, tras el desastre vivido en la segunda Guerra Mundial, si bien no han logrado evitar numerosas guerras (Yugoslavia, Ruanda, Irak, Afganistan, Siria,etc.) con una cadencia entre una y otras que sugiere una cierta provocación "interesada" de las mismas (o, al menos, una penosa incapacidad en evitarlas).

La orientación de las políticas demócrata-cristianas (DC) desde hace más de un siglo (1908) han modulado favorablemente, junto a otros colectivos potenciadores de la paz y la libertad, pero no han logrado la total erradicación de las guerras.

Bien es verdad que Europa (la Unión Europea, UE) ha dado un ejemplo formidable, casi inédito, que ha devuelto al "olvido" la tradicional pelea entre sus Estados (28 actualmente), que en su mayor expresión dieron lugar a las dos mortíferas Guerras Mundiales (1914-18 y 1940-45), lo cuál constituye un motivo de orgullo y a la vez de esperanza de que algo similar se lograse a nivel mundial, a cargo de la ONU (y con el "permiso" y estímulo de quienes ostentan el derecho a veto:EEUU, Rusia, Reino Unido, China y Francia, así como los otros detentores de energía nuclear: India, Pakistan e Israel), con vistas a la configuración de un Gobierno Mundial Federal. Lo ocurrido estos últimos años, y en nuestros días en Siria, muestra que la ONU está incapacitada para ser eficaz gestora de la paz mientras subsistan los derechos al veto antes mencionados u otros similares que menoscaben la condición democrática de tan importante institución.

Es admirable el esfuerzo y logros de ciertas naciones (Suiza, Perú, Puerto Rico) en eliminar o, al menos, aminorar al máximo sus potenciales bélicos. Desgraciadamente al propio tiempo asistimos, tras de la II Guerra Mundial, a la repetición de conflagraciones sangrientas, unas de duración más recortada (2-3 años) y otras hasta "asentadas" en ciertos países (africanos más a menudo) durante lustros e incluso décadas, casi todas iniciadas a partir un apetito desmedido por el poder o bien por discordias -algunas seculares- entre grupos sociales, con el resultado de enconamiento y después del odio, todo ello adobado por las ofertas del mundo del armamentismo, seguido del enorme sufrimiento que suponen los miles de muertos, agresiones de toda índole, así como el desplazamiento de miles y millones de familias desde sus asentamientos naturales. Tal han sido estos años los casos de Ruanda, Yugoslavia, Líbano, Irak, Siria, Egipto, Libia y, hasta hoy mismo, Ucrania, hasta constituir este reguero de sangre como una nueva especie de III Guerra Mundial (como ha denominado al estado actual el propio Papa Francisco), ahora netamente multicéntrica y secuencial.

Ciertas Asociaciones cívicas, como p.ej. "Paz, Desarme y Libertad", entre otras, vienen suponiendo casi como gestos testimoniales, quizás porque les falte cierta "pasión" derivada del convencimiento de que la situación "armas-guerras-paz" apenas cuenta con posibilidades de ser removida de modo mantenido por incontables y dañinos obstáculos, muchos de ellos de tipo personal (ambición desmedida, ausencia de democracia, rencores históricos,etc.), que en muchos casos se expresa mayoritariamente por la división en dos grandes formaciones antagónicas e irreconciliables en cada lugar, con el resultado del desencadenamiento de la guerra (tutsis y hutus en Ruanda, suníes y chiitas en Oriente próximo, rojos y azules en España,etc.).

En todo caso la opción DC en política contiene los ingredientes definitorios de la Paz: "guarda Pedro tu espada ya que quién a espada vive a espada muere", amonesta el Señor Jesús al Apóstol (Mt 26,52), o bien "si alguien te abofetea una mejilla, preséntale la otra" (Mt 5,39), etc. Por tanto, cualquier Gobierno que se autoproclame tener "orientación y/o humanismo cristiano", si fabrica armas y las vende, incurriría en "contraditio in termini", desorientando severamente a sus posibles votantes. Y no vale, por eufemístico, decir que las fabrica con fines "defensivos" (la historia es contundente al respecto).

El propio Concilio Vaticano II (32) enfatizaba el "derecho a la paz, mediante la eliminación de la guerra en todas sus formas y de la carrera de armamentos".

Se ha querido reiteradamente desligar la religión de la política; recuérdese la frase de Desmond Tutú que preside el frontispicio de este libro. Como recuerda Miró Ardèvol (26), Rousseau entendía que "cuando se quiere separar la moral de la política no se comprende a ninguna de las dos". Defiende aquel autor que se impone en nuestros días un renovado "desafío cristiano", sin ambages ni artilugios y, a la vez, traducido en acción política, dentro de una clara denominación de los correspondientes partidos políticos, como es el caso en la actual Alemania Federal en donde gobiernan las dos fracciones de la DC: Christliche Demokratische Union (CDU) y la "Christliche Sozial Union (CSU), con lo cuál los votantes tienen claro a quien eligen en las urnas. La denominación, entre nosotros, de ciertos partidos de la DC, como son, p.ej. el PNV y CDC se nos antoja como colateral o "huidiza" de su condición cristiana, en un mundo plural como el actual, al menos en las democracias occidentales, en el cuál se hace más necesario precisar y dejar claro el contenido destacado en que se asiente el partido político de que se trate, sin que con ello se busque arrogarse en exclusiva -respecto a otros partidos políticos- dicha inserción evangélica.

Precisamente el Papa Francisco hace poco se hacía eco (28) del nexo religión-política al afirmar que "la política es una altísima vocación, una de las formas más preciosas de caridad, porque busca el bien común".

Se trata en fin de cuentas, a nivel Estatal y en las Autonomías correspondientes (o Federaciones en su caso) de plasmar una fracción clara, sencilla de comprender, valiente, comprometida con la persona humana y sus valores intrínsecos y comunitarios, con vocación de progreso, pero -ante todo- no solo de cambio sino de auténtico "vuelco" ético, moral, social y económico, en que lo que prime no sea ab initio la economía en cuanto tal sino que constituya como una herramienta más para lograr una auténtica hermandad entre las personas, los grupos y las Naciones.

La tendencia a lograr muchos votos, contra viento y marea (como es el caso de los CDU-CSU alemanes), asociándose a diversos Partidos afines a la DC, pero doctrinalmente sesgados a la derecha, ha dado el poder al Partido Popular Europeo (PPE), aunque a costa de constituirse en el bloque de derechas europeo y de posponer la vocación axial de la DC, más favorable hacia las personas, grupos y comunidades más desfavorecidos, no solo desde el punto de vista económico sino antes bien de su desarrollo integral (4,6,9,14,26,27,31,33,36). Menos mal que otras formaciones de la DC -el PNV y UDC, junto a Coalición Canaria- se han segregado (mejor dicho: se han mantenido en su ubicación primaria) constituyendo el grupo "Coalición por Europa" con un resultado electoral estable en las recientes elecciones al Parlamento Europeo.

Se ha vuelto a vivir aquí, para el conjunto de Europa, la experiencia española de los años 30, en que la Confederación Estatal de Derechas Autónomas (CEDA) fue quedando a merced de su ala derecha, no pudiendo llegar a evitar la guerra civil española, en testimonio del líder de dicha Coalición José María Gil Robles (16). Es tiempo, y apremia, que la Unión Europea se conciencie en este tema y encare con decisión el resto del Siglo XXI y, con ello, cierre el paso a los "falsos profetas" (como en Grecia, España,etc.) que están proliferando como setas, valga la expresión.

Las posturas "conservadoras", por respetables que se consideren, son ajenas a los principios fundacionales de la DC, que ancla su esencia en la condición sagrada de la persona humana (25). Un ejemplo lamentable en este tema lo ha constituido estos años la Comunidad Valenciana, en donde las iniciativas políticas específicas tipo DC (léase UDPV) han sido desplazadas vs. deglutidas por alguno de los Partidos mayoritarios (Unión de Centro Democrático -UCD-, Partido Popular -PP- y Partido Socialista Obrero Español -PSOE-)) en tanto que organizaciones "conseguidoras de poder" (sobre todo, antes que gestoras del bien compartido).

Lo mismo que a nivel del Estado Español, en el ámbito internacional, dicha desviación se ha materializado con la expulsión del PNV de la Internacional Demócrata-Cristiana en el año 2000, como resultado del "acoso del PP, que demostró no ser ni demócrata ni cristiano", en expresión de un significado líder de aquél partido añoso, y al parecer -lamentablemente- a propósito de la entonces vigente polémica acerca del papel del PNV frente al terrorismo de ETA (Periódico El País, 12, octubre, 2000).

Un hecho de esta naturaleza que nosotros hemos vivido a nivel de Valencia, fue la inaclarada absorción de la Fundación Humanismo y Democracia (FHD), nacida en la DC alemana de Konrad Adenauer, por parte del PP, formación que ha contribuido, también a nivel internacional, a articular la amalgama disfuncional entre conservadores y antiguos cristiano-demócratas, con escaso lugar para estos últimos, bajo el señuelo, en su programa electoral, de apoyarse en un cierto "humanismo cristiano", derivando a este último a una condición periclitada y no fenoménica sino advencial, dejándose por su parte encasillar en el economicismo europeo e internacional, "fruto" de la globalización exacerbada y envolvente, con su corolario esperable de la desatención cuando no aprobio de los entes locales, por muy que estos últimos traten de salir adelante con el sistema cooperativista (uno de los aspectos operativos más significados de la DC).

Producto de estos hechos hechos se dan escritos desde jocosos a impresentables, tales como el aparecido en la prensa diaria que incluso juega a atribuir a la nueva formación política "Podemos" un trasfondo teocrático, cuando explícitamente se autoincluye en una dinámica revolucionaria al estilo de las del principio del Siglo XX, pero que de alguna manera es una cierta consecuencia de los abusos infligidos desde las instancias del poder a personas y grupos , como se consigna en el texto bíblico ("los Jefes de las Naciones tiranizan a sus pueblos y los poderosos los oprimen", Mt 20,25-27).

No faltan textos que analizan las formulaciones y puesta en práctica del modelo político cristiano-demócrata por parte de algunas mentes preclaras de esta posición político-creencial, tales como Fernando Álvarez de Miranda (2,3), Óscar Alzaga (4), Rafael Caldera (9), Eduardo Frei (14), José María Gil Robles (15), Luis Lucía (21), Jacques Maritain (25) y Vicente Ruiz Monrabal (33), entre otros.

Por cierto, entre nosotros, al restablecerse la democracia (1977), la propia Institución Eclesiástica, en boca de su Presidente el Cardenal Vicente Enrique y Tarancón -yo diría que con un cierto desconocimiento de la "política" en cuanto tal- se batió en contra del Equipo Español de la DC, el cuál -quizás también por dicho motivo- obtuvo un menguado resultado en las elecciones de 1977, cuando realmente ni los grupos que la constituían (Izquierda Democrática -ID-, PNV, UDC y UDPV) ni sus líderes (Joaquín Ruiz-Giménez, Xavier Arzallus Antia, Antón Cañellas Balcells y Vicente Ruiz-Monrabal, respectivamente) en modo alguno deseaban detentar en exclusiva el contenido sustantivo de los Evangelios como sustrato del buen hacer democrático.

Otra cosa es el grado de fidelidad con que se lleven a la práctica política los principios doctrinales de la DC. En todo caso habrán de emplearse los medios adecuados como método idóneo para conseguir los fines que se buscan, y no al revés (como que "el fin justifique los medios", que tanto sufrimiento ha irrogado en el curso de la historia, especialmente del Siglo XX).

GENERALIDADES SOBRE LA DEMOCRACIA CRISTIANA (DC)

Entre nosotros la DC nace hace un siglo, ante la inestabilidad política y social de la época y, por ende, el deseo de muchos de aportar a la vida pública los postulados cristianos, evitando las posturas "confesionales", así como la marginación del fenómeno religioso, axial en la consideración de la persona, no solo como un ente privado sino también público, y todo ello en el marco de las libertades que comporta la democracia como sistema.

Efectivamente, como señala López Aranguren (20) "el hombre sensato se ve solicitado a la vez e inexorablemente por la exigencia moral y por la insoslayabilidad política", con lo que se encuentra ante "una cierta problematicidad constitutiva de la relación entre la ética y la política". Considera este autor,ubicado a mi juicio en la cresta de la intelectualidad cristiana, que "la verdadera razón o conveniencia del Estado necesita imprescindiblemente de la virtud moral, si bien esta resulta árdua, problemática, difícil, nunca lograda plenamente".

Con la ola de corrupción pública que se vive actualmente (aparte de la privada), vienen a colación las palabras de Julián Marías (24) cuando afirma que "la historia de las relaciones entre la religión y la política es larga, confusa y con frecuencia deprimente; ambas convergen en la vida del hombre y no es fácil separarlas". Precisamente Spranger (35), en su clasificación y análisis de las "formas de vida", segrega el "hombre religioso" del "político" (junto a los de tipo económico, social y otros), lo cual de algún modo plasma la dificultad real de una síntesis entre ambos enfoques vitales; en este sentido dedica un apartado especial a lo que denomina "tipos complejos". El concepto creencial de Maritain (25) formula que "la misma persona es a la vez miembro de la Sociedad que es la Iglesia y de esa otra Sociedad que es el "Cuerpo Político" (el pueblo), de modo que una división absoluta entre estas dos sociedades significaría que la persona humana tuviera que estar cortada en dos".

Por lo que respecta a los españoles, como señala Salvador de Madariaga (22) "tendemos a fundar instituciones políticas sobre la base más amplia y universal posible, es decir sobre una base religiosa".

La coexistencia de la religión con la política se podría clasificar en tres grandes modos (Tabla 1):

Teoría religiosa. (Estado confesional)	R	P
Teoría laica. (Estado laico)	P	R
Teoría pluralista. (Estado armónico)	P	R

1. Teoría religiosa prevalente (confesional), en donde el Estado es más o menos "teocrático", como ocurre en ciertas Naciones, como las islámicas, así como en ciertas Dictaduras (como la española de 1939 a 1975); en ellas la política en cuanto tal queda subordinada a la regulación de orden creencial que ostenta el poder central y, a la inversa, en el

2. Estado laico (aconfesional), que tanta pasión ha desatado y desata hasta en nuestros días, teniéndolo algunos (o muchos) como el auténticamente democrático, cuando en teoría, y en la práctica, presupone la ausencia de contenido religioso en

27

el plano cotidiano (por muy que se diga que no), con el peligroso desplazamiento ético del quehacer ejecutivo de los gobiernos, si nos atenemos al planteamiento de Jacques Maritain de que "la Política es como una rama de la Ética". Por eso (y por otros motivos) la DC comparte el

3.Modelo pluralista, democrático, parlamentario, con presencia en la vida pública (y no solo en la privada) de la religión cristiana (y de otras confesiones) en cuanto que pueden aportar elementos axiales al bienestar y felicidad de todas las personas,con la consiguiente promoción de las más menesterosas. Asimismo respecto a las demás confesiones religiosas o posicionamientos agnósticos vs ateos, su planteo es el de la confluencia respetuosa y positiva entre todos ellos.

El cristianismo -y su versión política específica, la DC- contiene criterios y formulación más que suficientes para su aplicación y efectividad respecto a los problemas de las personas y grupos más o menos numerosos, y hasta una cierta dimensión planetaria, a la espera de que la ONU evolucionara, como muchos deseamos, hacia un gobierno mundial, con el que se podría erradicar desde el hambre hasta la inconexión demoledora entre las diversas civilizaciones, postura esta que tanta sangre ha derramado y sigue derramando a día de hoy. Se echa de menos una mayor promoción de la "Alianza de Civilizaciones", a nivel de la ONU, que tanto podría contribuir a la paz mundial.

Somos muchos los que entendemos (7) que un Partido tipo DC no debería restringir su ámbito de influjo social y político a aquellas personas o grupos que explícitamente se consideren cristianos, ya que su programa es perfectamente asumible por amplios estratos sociales, a cuyos problemas puede dar respuesta cumplida.

El centro sobre quién recae la acción de la DC es la persona, de acuerdo con el primigenio criterio del quien pudiera considerarse uno de los "fundadores" de esta ideología social (y que precisamente murió ajusticiado por sus "egregios" detractores): Tomas Moro (27), el cual consideraba que "todos los bienes del mundo no se pueden comparar con el valor de una existencia humana". Aunque la DC extiende su campo de acción a toda la Sociedad, como señala Javier Tusell (36) realmente incide con preferencia sobre los más humildes. Y recuerda que, históricamente, desde la Encíclica "Rerum Novarum", se elaboró una doctrina social-católica y cooperativista como una solución intermedia entre el liberalismo y el socialismo.

Rafael Caldera, en su texto sobre la especificidad de la DC (9), señala que en dicha alineación política "hay una sincera aspiración hacia el fomento de la propiedad comunitaria como medio de eliminar barreras entre clases y sectores sociales y de articular a los hombres al esfuerzo común", todo ello en el modo y manera compatible con las raíces doctrinales del cristianismo, reflejado en los Diez Mandamientos "de las Tablas de Moisés", el último de los cuales afirma "no codiciar los bienes ajenos". Es decir que la propiedad privada ha de coexistir con el "bien común" como lo formula Santo Tomás de Aquino. Por eso, solo malévolamente se nos puede etiquetar a los demócrata-cristianos de "comunistas", tal como, p.ej., ocurrió en la campaña electoral de la UDPV en 1977, a nivel de cierta urbanización del área marítima valenciana, que más bien parece entendible como una furiosa calumnia orientada a defender la propiedad privada a expensas justamente de la de orden público (salud, educación, dependencia, etc.). ¿Cómo habría que denominar a estos detractores del sistema democrático avanzado? Es un fenómeno que se sigue observando en nuestros días, p.ej. en el Campus de la Universitat de Valencia (y barruntamos que también en otros Centros docentes).

No parece ocioso, en fin, recordar aquí y ahora las palabras del Papa Juan Pablo II en su Encíclica "Laborem Exercens" (18), en la que afirma que "el trabajo es siempre una causa eficiente primaria, mientras que el capital es solo un instrumento o la causa instrumental" y que así y todo "el trabajo , en cierto sentido, es inseparable del capital".

LA ASOCIACIÓN CATÓLICA NACIONAL DE PROPAGANDISTAS (ACNP) Y EL PARTIDO SOCIAL POPULAR (PSP)

En 1908 tiene lugar lo que podríamos denominar primera incursión formal del fenómeno religioso (católico) español en la política, de la mano del sacerdote jesuita Angel Ayala Alarcó, con la fundación de la ACNP, de algún modo, y hasta cierto punto, con contenido asimilable a los de la DC en general, aunque Óscar Alzaga (4) sostiene que la primera formación (Partido) con dichas características lo fue el PSP desde 1922, a partir -nos dice en su magistral texto- del maurismo (partido conservador), que -según él- recibió el apoyo de la práctica totalidad de los miembros de la ACNP y tuvo una buena acogida entre la intelectualidad laica.

Con posterioridad, la denominación ACNP pasó hasta nuestros días, a denominarse Asociación Católica de Propagandistas (ACdP).

A partir de entonces, y hasta concluir la tragedia de la Guerra Civil (mejor dicho "incivil") española, la DC continuó materializándose, aunque con carácter parcial, en la CEDA, la cual, en tanto que Partido, para Javier Tusell (36), era una "unión de derechas que caminaría hacia un Partido demócrata-cristiano de centro, ya que inicialmente no se le podía considerar estrictamente de naturaleza demócrata-cristiana".

A nivel de difusión mediática, la ACNP, se apoyó en dos periódicos: el Debate, que se empezó a publicar en 1911, que llegó a publicar en la II República 200.000 ejemplares. Su director por entonces fue el Cardenal Ángel Herrera Oria (1886-1968), que había sido abogado del Estado y después fundador a la Editorial Católica (1933), presidente de "Acción Católica", así como Sacerdote desde 1940 (a la edad de los 54 años), desde 1947 Obispo de Málaga y Cardenal de la Iglesia a partir de 1965. Su prolífica actividad le llevó asimismo a fundar el "Centro de Estudios Universitarios" (CEU) San Pablo, origen, a su vez, de varias Universidades: la de Valencia que lleva su nombre, la de Madrid y la "Abat Oliba" de Barcelona, así como diversos centros educativos en Alicante, Castellón, Elche, Murcia, Vigo y Vitoria.

Desde el punto de vista social, y sobre la base de la Doctrina Social de la Iglesia, fundó el Instituto Social Obrero (ISO) y la propia Cáritas, asociación esta última que viene mereciendo, junto a otras de similar significado (p.ej. la Asociación Valenciana de Caridad), admiración y respeto de un amplio espectro social en las actuales circunstancias en que se vive una "crisis" económica (pero aún quizás más ideológica) de tan larga duración y negativas consecuencias, en especial sobre los grupos con menos recursos.

Dentro de la Editorial Católica se vino editando el periódico "Ya", de fuerte influjo social, hasta bien entrada la democracia proveniente de la Transición que siguió al fallecimiento del General Franco en 1975, si bien continuó aún un cierto tiempo, hasta su cierre. Precisamente en este periódico incardinó la ACNP (1969) el grupo de opinión denominado "Tácitos", los cuales contribuyeron al éxito de la "transición democrática" (años 70-80); algunos de sus miembros fueron integrantes de los gobiernos de la UCD. Para Álvarez de Miranda (3) constituyeron "un intento de recuperación de la acción política de los propagandistas", con una cierta evolución, pero con carácter "continuista". Entre otros, en el grupo, destacaron Óscar Alzaga, Iñigo Cavero y Álvarez de Miranda .

Acerca de la denominación "tácitos" especula López Aranguren (20) sobre si su sentido se anclaría en los siglos XVI y XVII, de modo que, partiendo de un análisis realista de la política del momento, se guiarían en el sentido de que "la verdadera razón o conveniencia de Estado necesita imprescindiblemente de la virtud moral". Precisamente este autor considera que la confesión intraeclesial Opus Dei ha supuesto un "modernizado, impaciente y mal remedo de los Propagandistas", así como que -afirma además- Adolfo Suárez, como Presidente de Gobierno (años 70), "entregó a los Propagandistas cuanto ellos le pidieron".

A la ACNP pertenecieron, entre nosotros dos valencianos pesos fuertes de la política de raíces cristianas: D. Joaquín Maldonado Almenar (23) y Serafín Rios Mingarro. Al primero de ellos dedicamos un capítulo aparte por considerarlo, dada su polifacética personalidad,y posiblemente una de las más valiosas para estas tierras (tan dadas a la infravaloración de los suyos y a un lacerante individualismo), durante su casi centenaria , valiente y generosa trayectoria.

Serafín Ríos Mingarro, fallecido tempranamente (1997), dejó un fuerte impacto como "líder del movimiento demócrata-cristiano de Valencia durante los años de la transición" (diario Levante, 1,abril,1997); abogado del Estado, formó parte del Gobierno de Adolfo Suárez González como Secretario de Estado para las Administraciones Públicas. Se puede decir que fue un enamorado del Centro de Estudios Universitarios (CEU) San Pablo de Valencia (Moncada), que ayudó a fundar y a su desarrollo posterior (como componente de su Patronato rector). Actualmente, y desde hace ya años, permanece como uno de los máximos impulsores de esta formación, Vicente Navarro de Luján.

La evolución de la ACNP hasta nuestros días, a través de tantos años (más de un Siglo), ha sido admirable, en el marco de la DC que estamos tratando, y habida cuenta de la tendencia que han tenido las distintas formaciones y Partidos de esta corriente política a involucionar a medio y a menudo corto plazo (CEDA, UCD, Unión Democrática Española -UDE-, UDPV, Partido Demócrata Popular -PDP-, DC, etc.).

Algunos eventos y actividades públicas jalonaron, desde la Transición a la nueva democracia española hasta nuestros días, a este conjunto de Propagandistas, algunos en su día añadiendo su pertenencia al Opus Dei, pero muchos otros no, entre estos, evidentemente, Serafín Ríos, antes mencionado. Con la tendencia de muchos de los pertenecientes al Opus a medio ocultar tal condición (no queda claro porqué ni para qué, o bien para que no llegara a suponer ninguna ostentación dicha pertenencia), en ciertas reuniones o eventos de la ACdP se vive una mixtura de ambas organizaciones, que no ayuda al posicionamiento de cada cuál ante cuestiones que lo requieren. A algunos democristianos nos ha ocurrido (en el ámbito universitario) que se nos tiene como pertenecientes al Opus Dei, cuando realmente no lo somos (pero respetamos completamente a quienes lo sean).

De las Jornadas y Congresos de la ACNP más recientes destacaría, como expresión de la viveza y continuidad de todos ellos, las siguientes:

a) X Congreso "Católicos y Vida Pública", celebrada en 2008 bajo los auspicios de la ACdP, ya sin parte de su denominación ("nacional") anterior, con la idea de descentralizar o de regionalizar su condición. En aquella ocasión se postuló la necesidad de formular un nuevo Partido político (El País, 23, noviembre 2008).

b) El XI Congreso tuvo lugar en Madrid en 2009, bajo el lema "La política al servicio del bien común"; se abordó en especial el compromiso moral de los políticos y los fundamentos morales del Estado y

c) En 2013 tuvieron lugar en Valencia las "IV Jornadas de Católicos y Vida Pública", bajo el título de "Compromiso, confianza y solidaridad. Respuestas de la Iglesia a la crisis económica y social", con conferencias y mesas redondas a cargo de Cáritas Española, del ISO, de la Universidad CEU Abat Oliba de Barcelona, de la Federación Valenciana de Empresas Cooperativas de Trabajo Asociado (FEVECTA) y Unión Sindical Obrera (USO), entre otros.

d) El año siguiente (2014) se celebraron, también en Valencia, las V Jornadas "Católicos y Vida Pública", bajo el lema "Desarrollo y perplejidad, oportunidades para el compromiso político", y todo ello para: 1) "contribuir a hacer un diagnóstico de las causas que han llevado a la falta de credibilidad y cercanía de las principales instituciones políticas", 2) "plantear escenarios de participación en la vida pública desde estructuras que no son las propias instituciones políticas y económicas", y 3) "trasladar un mensaje de optimismo que invite a la participación ciudadana, como mecanismo para generar el avance necesario".

CONFEDERACIÓN ESPAÑOLA DE DERECHAS AUTÓNOMAS (CEDA)

Fue un Partido político, heterogéneo donde los haya, que se logró configurar en 1933 (24) gracias a la fuerte personalidad de José María Gil Robles (fig.2), que logró acceder al poder en el complicado escenario de la II República, desgraciadamente enfrentado a la otra media España (el Frente Popular), que tan trágico resultado tuvo (500.000 muertos, cuando ahora mismo nos echamos las manos a la cabeza porque en la guerra de Siria hayan fallecido unos 250.000 personas).

José Mª Gil Robles (fig. 2)

El fenómeno de las dos Españas (aunque también hubiera, que hubo, una tercera) supuso para las generaciones posteriores un impacto tan enorme que considero que fue el recuerdo de esa desgraciada etapa de la historia de España la que ayudó decisivamente a configurar la transición en paz a la democracia después de la muerte del General Franco, así como también a que el golpismo del 23-F (de 1981) quedara en unas horas "disuelto" como un azucarillo en el agua.

Lo justo es recordar que Gil Robles trabajó muy duro intentando evitar la guerra civil (9), aunque en un orden crítico -respetable por lo demás- Óscar Alzaga haya dicho (4) que "si la CEDA hubiera sido un Partido democristiano habría tenido la capacidad de transformación social que trágicamente le faltó en 1934-36". Realmente la CEDA "no evolucionó hacia la DC (Javier Tusell, 36), le faltó audacia en el terreno social". El propio Gil Robles en 1968 afirmaba (16) que en la CEDA había fuerzas políticas de corte conservador que "nunca habían creído en la Democracia". Dicho error entiendo que subsiste en nuestros días en que la DC sigue coaligándose con grupos conservadores como es el caso del Partido Popular (cuyo origen se remonta a 1977 en que Manuel Fraga fundó Alianza Popular -AP- y obtuvo 7 escaños en las elecciones generales) y de la Internacional Demócrata-cristiana, mezclada con los conservadores, con lo cuál fue expulsado el PNV de sus filas en virtud de su perfil netamente cristiano-demócrata, como queda referido en estas páginas.

Fuertes personalidades de la CEDA como Luis Lucía Lucía (por Valencia) y Manuel Giménez Fernández (por Sevilla), ambos

Ministros en los gobiernos de Gil-Robles, fueron democristianos hasta la médula; ambos constituyeron los "representantes más cualificados de la izquierda del cedismo" (Javier Tusell, 36).

Ya durante la Dictadura del General Franco y en los años posteriores a su fallecimiento, José María Gil Robles "no comulgaba con el nacionalcatolicismo, aunque no tenía posiciones tan avanzadas como Luis Lucía" (3). Durante la propia Dictadura (1974) se personó en las II Jornadas Demócrata-cristianas del Estado Español, dentro del Equipo Estatal de la DC, que tuvieron lugar en Valencia, en la cuál se plasmó que "la actual estructura capitalista de la empresa se sustituirá por una unidad de producción en la que sean partícipes de la propiedad, la gestión y los resultados los directores, obreros y representantes de lo capitales aportados", criterio interesantemente contemplado por el Papa Juan Pablo II en su Encíclica "Laborem Exercens" (18). Y ello a pesar de los denostados postulados que acerca de la autogestión se han venido formulando (12). ¿Qué significa sino en estos años, y ahora mismo, el gobierno simbiótico alemán entre la DC (CDU) (con Angela Merkel) y el Partido Socialista Alemán: Sozialdemokratische Partei Deutschland (SPD).

A partir del "contubernio de Munich" (1962), con el que se comprometió Gil Robles, en aras de una evolución hacia la democracia, permaneció en el exilio hasta 1966. En 1977, con su fuerte personalidad, empuje e historial político, forjó el Partido "Federación Popular Democrática" (FPD) (15) en la que se integraron "DC de Castilla", "DC de Murcia", "DC vasca", "DC aragonesa" y el "Partido Popular Democrático de Andalucía".

Su impacto -al menos mediático- para la restauración de la democracia fue escaso, a la vez que, dada la avanzada edad de tan singular líder, este titán de la democracia de inspiración cristiana fue dando paso a formaciones nuevas, en particular al "Partido Demócrata Popular" con Óscar Alzaga al frente y su sucesor Javier Rupérez con el Partido "Democracia Cristiana", con su derivación hacia formaciones más bien "pauci-demócrata-cristianas" como la UCD y el PP, hasta nuestros días en que, como en otras páginas referimos, tan solo quedan como Partidos plenamente fieles a dicha filiación, por una parte el añoso PNV y por otra la UDC.

DOS PESOS FUERTES DE LA DC ESPAÑOLA: LUIS LUCÍA LUCÍA Y MANUEL GIMÉNEZ FERNÁNDEZ

Ambos fueron Ministros en el Gobierno de la CEDA de José María Gil Robles, con una proyección a la par hacia los sectores sociales menos favorecidos.

Luis Lucía (fig.3) fundó el Partido "Derecha (Dreta) Regional Valenciana" (DRV), que se integró en la CEDA. Dicha denominación("derecha") a día de hoy apenas encaja con su posicionamiento sociológico, en tanto que, como afirma Javier Tusell (36) dicho Partido era "la organización situada más a la izquierda dentro del espectro político de la CEDA". Su doctrina política encajaba con la denominada "tercera España", en aquella dura década de los años 30 (Siglo XX), en la que el enfrentamiento fratricida de las "dos Españas" todos sabemos (y algunos por haberlo vivido) a la tragedia que condujo: la guerra civil ("incivil", mejor dicho), a pesar de la pelea de muchos, entre ellos Luis Lucía, que tanto batallaron para conseguir que la paz prevaliese, el cual "siempre había hecho público su rechazo al recurso a la violencia y -quizás por eso- recibió palos de los republicanos que lo consideraban faccioso y de los "nacionales" que le tenían por un traidor" (23). De acuerdo con dicho pensamiento, precisamente el 19 de julio de 1936 (al día siguiente del inicio de la guerra civil) cursó un telegrama de adhesión a la República y al Gobierno de Madrid.

Luis Lucía Lucía (fig. 3)

Como corolario y resultado del estado pasional desbocado de aquellos años, este hombre, que conllevaba las tres "L" ("limpio, listo y leal") como le etiquetó por entonces Indalecio Prieto (diario Las Provincias, 16, octubre,1988), fue condenado por los dos bandos contendientes de la guerra civil, incluso a la pena capital (27 febrero de 1939, Diario Levante, 5 abril, 2002) por parte de los llamados "nacionales", que le fue conmutada gracias a la intervención del Arzobispo de Valencia D. Prudencio Melo, con el consiguiente destierro (a Mallorca); en 1942 obtuvo visado para viajar a Valencia, debido a la enfermedad (cáncer de hígado) que le llevó a la muerte la noche de Reyes de 1943.

Por su parte, los republicanos le incoaron un proceso "lento y escrupuloso" (43), si bien no se llegó a la celebración de la vista, aunque se le pedía pena de muerte; estuvo encerrado en la cárcel modelo de Valencia y pasó a la de Barcelona cuando el Gobierno republicano se traslado allí; huyó el día antes de la caída de la ciudad en manos de las tropas del General Franco.

Fueron muchos pues los adjetivos que se le dirigieron, entre otros, los de "republicano, tradicionalista, católico, opuesto a cualquier modelo político comunista" (diario Levante, 5 abril, 2002). Fue desde luego "demócrata pero, sobre todo, cristiano, y en particular el más genuino representante de la DC valenciana" (Diario Las Provincias, 12,marzo,2002).

Como recuerda Javier Tusell (36) se puede ser demócrata y cristiano y no, a la vez, demócrata-cristiano, como este autor a sí mismo se atribuye, aunque se reconozca partidario de las políticas de inspiración cristiana.

Se nos ha atribuido a los demócrata- cristianos que solemos atender a los problemas sociales "desde el balcón". Es verdad que tal haya sido en determinadas épocas y áreas geográficas, p.ej. en la Comunidad Valenciana en estos últimos lustros bajo el Gobierno del "paucidemócrata-cristiano" Partido

Popular. Queda para los próximos años articular en Valencia un Partido similar al PNV o a "Unió Democrática de Catalunya", con lo cuál se saldrá al paso de la crítica -a mi juicio acertada- de la nieta de Luis Lucía (Diario Las Provincias, 12, marzo, 2002), quien considera que "con la llegada de la democracia y de las libertades a nuestro País, ningún político recogió el relevo que dejó Lucía". Yo apostillo, sin embargo, que alguién sí trabajó en dicha dirección, pero abdicó de continuar en la brecha a partir de los deficientes resultados de las primeras elecciones en democracia de 1977: Vicente Ruiz Monrabal, junto a los componentes del partido UDPV, aunque algunos de ellos sí estábamos -y estamos- con la decisión de continuar en la política activa..

Desde el punto de vista ideológico y estratégico Luis Lucía se explicita en su texto "En estas horas de transición" (21), del que entresaco los siguientes párrafos:

1. "La verdad es una, luego la verdad religiosa no puede estar en contradicción con la verdad social, con la verdad económica, con la verdad política; el hombre social, el hombre económico, el hombre moral y el hombre político no son cuatro hombres:son uno solo" y

2. en el plano regional/nacional entiende que "Valencia ha perdido en la política toda su personalidad; el árbol de los partidos está plantado a la inversa, debería tener sus raíces en Valencia y sus ramas en Madrid; por eso los Partidos gubernamentales valencianos, hoy como ayer, no miran ni obedecen a Valencia, obedecen y miran a Madrid".

En cuanto a Manuel Giménez Fernández, su línea argumental y trayectoria política se asemejan mucho a las de Luis Lucía Lucía: miembro de la CEDA, Ministro en el Gobierno de Gil-Robles (en su caso, de Agricultura), y como aquél "demócrata en lo político y avanzado en lo social" (36).

Provenía de la ACNP y había pertenecido al PSP (1). Era Catedrático de Derecho Canónico en la Universidad de Sevilla. Su sesgo se correspondía a la corriente del catolicismo liberal. Como Ministro de Agricultura trató de llevar a cabo la reforma agraria, uno de los campos más prioritarios para la República, ateniéndose a la Doctrina Social de la Iglesia, "no llegando a buen puerto su proyecto por la oposición de sus propios compañeros de Gobierno" (29) y conllevando , a la vez , "la hostilidad de las derechas más intransigentes" (3). En opinión de Javier Tusell (36) "lo que más le acercaba a las izquierdas era lo relativo a la mediana y pequeña propiedad", así como que "su idea matriz era que en España hubiera cada vez menos ricos y menos pobres".

En 1925 apareció su libro sobre "Derecho Electoral", en el que dirigía "duros ataques al caciquismo y defendía el sistema proporcional y el voto de la mujer", nuevamente según Javier Tusell (36), quien entendía que Giménez Fernández era "uno de los escasísimos demócrata-cristianos de la CEDA".

LOS PROLEGÓMENOS DE LA TRANSICIÓN

Durante la Dictadura del General Franco se fueron incorporando a sus Gobiernos diversas personas de orientación cristiana, el más señalado de todos D. Manuel Fraga Iribarne, aunque conservador no perteneciente a la DC. Destacó en los años 60 el trabajo de Alberto Ullastres, miembro de Opus Dei, que diseñó el llamado "plan de desarrollo", el cuál desde el punto de vista económico fue muy eficaz, lo que, unido al creciente turismo y a las divisas provenientes de los emigrantes españoles (sobre todo a Francia y Alemania), supuso un gran impulso al conjunto del País, con significativo desarrollo de las clases medias, hasta entonces prácticamente inexistentes.

Otra cosa fue el plano de la cultura y de las libertades sociales y políticas, en cuya dirección se fueron operando tímidos avances, algunos dentro de España y otros en el extranjero. En este sentido destacó la fuerte y controvertida personalidad de Joaquín Ruiz-Giménez, en varios planos sucesivos: como Ministro, como fundador y director de la Revista "Cuadernos para el Diálogo" y también del Partido político "Izquierda Demócrata-Cristiana" (IDC), integrado, ya en democracia, en el Equipo Demócrata-Cristiano del Estado Español, que concurrió a las elecciones generales de 1977; no tardó, es verdad, en ser apartado del Gobierno (1956) y en aquellos años ser etiquetado en Valencia de "comunista" por los reduccionistas de siempre (aún en nuestros días torpemente en activo algunos de ellos), "basados" en la impronta izquierdista de aquél, y dentro del hábito de los acomodados con la historia consistente en el dualismo "rojos-azules", que desgraciadamente aun actualmente persiste en algunos ámbitos (Hospital Clínico de Valencia, p.ej.), remarcando los "valores" -y errores- de las "dos Españas", que tanto dolor supuso en los años treinta.

La Revista "Cuadernos para el Diálogo", efectivamente, fue fundada en 1963 por el propio Ruiz-Giménez, con el apoyo de personalidades afines a su ideario (Pedro Altares, José María Gil Robles, Javier Rupérez, Óscar Alzaga,) y otros (Juan Luis Cebrián, José María Maravall, Virgilio Zapatero), así como el destacado democristiano evolucionado al socialismo clásico español en cuanto tal: Gregorio Peces Barba. Realmente supuso (hasta 1978 en que se publicó el último número) como un alivio ante la escasez de posibilidades que se vivía en aquellos años para el intercambio de criterios democráticos, aunque provinieran de corrientes políticas de distinta orientación, pero que en cualquier caso facilitó una maduración recíproca entre grupos que fueran a confluir, llegado el momento de la terminación de la Dictadura del General Franco, para constituir un sistema democrático, como así fue. Aunque era "tolerada" por el Régimen, en varias ocasiones fue secuestrada.

En 1974 se celebraron en el Convento de Dominicos del Vedat de Torrent (Valencia), en clandestinidad, las II Jornadas del Equipo de la DC (11), al que se adhirieron Joaquín Maldonado y Emilio Attard, hombres estos clave para comprender la evolución democrática de Valencia, Alicante y Castellón, logrando encontrar una denominación -que hoy persiste- para englobar las tres provincias en una "Comunidad Valenciana", que a más de uno nos parecía de escaso valor histórico, pero que resultó un acierto para agrupar a los dos grupos enfrentados, los que preferían la denominación de "Reino de Valencia" y los que se identificaban con la de "País Valenciano".

Justamente ese fue el espíritu de la denominada "Transición" a la democracia, en que los partidarios de las distintas sensibilidades socio-políticas nos batimos literalmente para ir a una nueva España que nos conjuntara a todos, cuyo colofón fue la Constitución de 1978, a pesar de los pintorescos -cuando no malintencionados- denuestos que se vienen profiriendo contra aquellos históricos acuerdos por parte de una de las nuevas formaciones políticas ("Podemos"). Otra cosa es que no estemos muchos preocupados en parte por el deficiente desarrollo de dicha Carta Magna, a nivel laboral y familiar sobre todo. Por ello se unen voces partidarias de su reforma, dados los años transcurridos desde su aprobación (más de tres décadas).

En los años sesenta fueron arraigando criterios mediáticos, culturales y políticos, críticos con la permanencia de la Dictadura del General Franco, algunos de ellos "tolerados" por el régimen (p.ej. la antes mencionada Revista "Cuadernos para el Diálogo", el periódico Ya, etc.) y otros rechazados de plano, como p.ej. el denominado por el propio Gobierno "contubernio de Munich" que tuvo lugar en aquella ciudad en 1962, al cuál concurrieron diversos grupos políticos (PNV,DC,PSOE, etc.), de la mano de destacados lideres políticos (José María Gil Robles, Iñaki Anasagasti Olabeaga,Iñigo Cavero Lataillade, Fernando Álvarez de Miranda y otros por parte de la corriente democristiana), algunos de los cuales, a su vuelta a España, fueron desterrados, como p.ej. Álvarez de Miranda a Fuerteventura, persona que, ya en democracia, fue Presidente de la Cámara de los Diputados, el cuál, como prueba de su tolerancia, en su reciente libro titulado "La España que soñé" (3) ni siquiera hace mención de aquél lamentable hecho. Otro tanto ocurrió con Iñigo Cavero Lataillade que fue desterrado a la isla de Hierro y que, ya en democracia, fué Ministro de Cultura y Educación con Adolfo Suárez como Presidente.

Precisamente por aquellos años un buen número de jóvenes españoles (y también hispano-americanos, italianos, franceses, etc.) ampliábamos nuestros conocimientos en aquella Alemania aun en fase de reconstrucción (que dió ejemplo de su extraordinario tesón en lograrlo) y residíamos en el Colegio Español de Munich, regido por los sacerdotes "operarios", bajo la dirección del sacerdote y periodista José María Javierre Ortas, defensor del sistema democrático que anhelábamos muchos (8). El periódico "Ya" (en el que escribía José María Javierre) constituía (como la Editorial Católica en la que se insertaba) como el portavoz mediático de la corriente cristiano-demócrata de aquellos años denominados del tardofranquismo. Considero que en los años 70-80 no se reconoció públicamente el gran papel de dicho sacerdote, modelo de trato afable y de desprendimiento hacia aquella hornada de personas jóvenes, algunos de los cuales,a veces, pudieron continuar sus estudios (a la espera de una nueva beca) gracias a la magnanimidad de aquél gran hombre.

Precisamente por aquellos años hubo en Alemania elecciones generales que ganó la DC del lugar, de explícita denominación: "Christliche Demokratische Union", liderada por Konrad Adenauer y que, junto al economista Ludwig Ehrhard, lograron, conjuntamente con el Plan Marshall, bajo el lema "Erfahrung und Erfolg", no solo un éxito electoral sino- lo más importante- el llamado "milagro alemán".

LOS PRIMEROS AÑOS (1975- 1981) DE LA DEMOCRACIA RESTABLECIDA

Con la aparición de severos trastornos de salud del General Franco, en especial tras su ingreso en el Hospital General (Gregorio Marañón) de Madrid, durante el cuál, transitoriamente, asumió las funciones de Jefe del Estado el entonces Príncipe Juan Carlos, se multiplicaron las acciones conducentes a preparar la Transición, entre ellos la aparición del Partido Unión Democrática Española (UDE), cuya Asamblea Constituyente tuvo lugar en Mayo de 1975 (2); por entonces fue considerado dicho Partido (Diario Informaciones 18 diciembre 1975) como un componente de una proyectada " Federación de asociaciones", denominación esta -en lugar de "partido político"- que se permitía por entonces a los grupos políticos en ciernes, por lo cuál algunos de los que, en Provincias, sentíamos una cierta afinidad con sus postulados, dejamos por escrito claro que suponíamos que dicho Partido se alinearía con otros de condición demócrata-cristiana.

Precisamente el 13 de abril de 1977 se fundió la UDE, con la adhesión de figuras como Óscar Alzaga e Iñigo Cavero, bajo el nombre de "Partido Demócrata Cristiano" (PDC), con su afín el "Partido Popular Demócrata-Cristiano" (PPDC) fundado por Álvarez Miranda (2) con participación del propio José María Gil Robles, dentro de la "Federación Popular Democrática" (15), partidos todos de clara condición cristiano-demócrata , que confluyeron en el Equipo Estatal Cristiano-Demócrata que concurrió a las elecciones generales de 1977, y que tan poca aceptación tuvo en las urnas.

El hecho axial de aquellos decisivos años, respecto a las primeras elecciones legislativas (1977), fue el posicionamiento del demócrata Cardenal Vicente Enrique y Tarancón, quien entendía que no era deseable que ningún partido se denominara "cristiano". Yo diría que más que nada entendía el Cardenal que ningún partido se arrogara en exclusividad su condición favorable al mensaje evangélico, aspecto que a mi juicio no se explicitó con suficiente claridad,a pesar de varios artículos periodísticos publicados al respecto por el Sacerdote José María Martín Patiño (2), que fue por entonces Secretario del Cardenal Tarancón.

Duran Lleida ha escrito(13) que " si en algún País la Iglesia no ha optado por la DC es en España", de modo que "el Cardenal Vicente Enrique y Tarancón sentó Cátedra definitiva respecto a la separación entre la Iglesia Católica española y la DC". Dicho fenómeno entiendo que influyó importantemente en el deficiente resultado electoral que cosechó el Equipo Estatal de la DC en aquella primera cita electoral de la transición,en buena parte en función del prestigio y fuerte personalidad en aquellas fechas del que fuera Presidente de la Conferencia Episcopal.

Después de dicho, digamos, "fracaso electoral" se operó, como era de esperar, una diáspora de unos y otros, cada uno con sus posibilidades y afinidades más especificadas, y así asistimos entonces a lo siguiente: a) el Partido de Ruiz-Giménez "Izquierda Demócrata-Cristiana -IDC-" prácticamente se disolvió. Su líder paso a dirigir "Unicef", llevando durante años la dirección de dicha asociación a sus mayores niveles de eficacia, b) el PNV continuó en su lugar centenario, c) la UDC continuó- hasta nuestros días-coaligado con Convergencia Democrática de Catalunya (CDC) y d) el Partido valenciano UDPV se integró -o al menos alguno de sus dirigentes- en el nuevo Partido, ganador de las elecciones, "Unión de Centro Democrático", con lo cuál vivió en primera línea el episodio más sonrojante de la nueva democracia española: el intento de golpe militar del 23 de febrero de 1981, que felizmente fue abortado por el conjunto del pueblo español y su Jefe de Estado: el Rey Juan Carlos I.

Entiendo que dicho fenómeno condujo al fuerte asiento del bipartidismo en nuestro País, y en Valencia en particular, con la sensación derivada que tenemos, los que no migramos entonces ni hacia el PP ni hacia el PSOE, de encontrarnos como "extrañados" en nuestra propia tierra, aunque algunos confiamos -y este libro es un ejemplo de ello- que en un futuro no lejano esta Comunidad Autónoma completará su vertebración, antes de que sigan viniendo de otros lugares gentes acomodaticias a rellenar los huecos existentes, en especial en el centro político que habría de corresponder a la DC "independiente", al modo que lo tienen resuelto en Cataluña (UDC) y en el País Vasco (PNV), con énfasis en su caso, en la cuestión "nacionalista", que no "independentista", huyendo por tanto del descafeinado "humanismo cristiano" que viene atribuyéndose lo que queda de DC en el PP: los "cristianos",como les denomina cierta prensa de Valencia (Levante-EMV,19, julio,2013), que bien podrían retornar al espacio que les es propio, abandonando su postura "pauci-cristiano-demócrata" y añadiendo, por otro lado, la vocación federalista inherente a la DC fundacional.

Justamente se celebraron en 2015 elecciones locales, autonómicas y generales,bajo el preocupante endeudamiento, despilfarro y decrepitud general en que encuentra esta Valencia nuestra, tanto en cuanto a sus productos básicos (cítricos, arroz, vino, cerámica, turrón, zapatos, etc.) como a la laxitud en reclamar y lograr recobrar sus bienes culturales (idioma -parasitado por el catalán-, Museos -el de Sorolla en especial-, difusión adecuada autóctona de su producción científica (8), etc.), así como financieros (el sangrante vaciado de la Banca: Banco de Valencia, Bancaixa y la Caja de Ahorros del Mediterraneo -CAM-), por mencionar a vuelapluma lo que sería más destacable de un nuevo diseño por desarrollar.

UN PARTIDO VALENCIANO DE ESTIRPE CRISTIANO-DEMÓCRATA: UNIÓ DEMOCRÀTICA DEL PAÍS VALENCIÀ (UDPV)

La UDPV ha sido la formación valenciana más cuajada y estructurada de la democracia restablecida (años 70), de acendrada pertenencia al ideario cristiano-demócrata. El líder máximo impulsor de este Partido fue Vicent Ruiz Monrabal (Fig. 4), que publicó las líneas motrices de este impulso en su texto " Por una política valenciana" (33). Ahí afirmaba por entonces (1977) que "en los años sesenta resurgió el valencianismo con dimensiones cívicas y como una aspiración encaminada a recobrar nuestros derechos como pueblo". Convergió con la UDPV fundada en 1962 por Vicent Miquel Diego a partir de la "Joventut Agrària Rural Catòlica". Celebró su II Congreso (en la clandestinidad) el 21 de Diciembre de 1974 (23).

Se presentó a las elecciones generales formando parte del Equipo Estatal de la DC, junto a CIU (Antón Cañellas Balcells y Josep Antoni Duran Lleida), PNV (Iñaki Anasagasti Olabeaga), Izquierda Demócrata Cristiana (Joaquín Ruiz Giménez) y Federación Popular Democrática/Democracia Social Cristiana

(José María Gil Robles) (15). Obtuvo el 2,7 % (48.000) de los votos, insuficientes para haber entrado -por la enojosa Ley electoral de Hont vigente- en les Corts Valencianes, lo que condujo al desánimo, no de todos.

Precisamente, en la línea conservadora, liderada por Fraga Iribarne, no fue así, de modo que su Partido, Alianza Popular (AP) que entonces solo logró 7 diputados, continuó luchando, cambió su nombre por el de "Partido Popular", llegando este último (insistamos en su carácter conservador y pauci-democristiano) a obtener el poder central, con José María Aznar en 1996 y la mayoría absoluta en la siguiente legislatura.

En su programa electoral (1977) la UDPV enfatizaba, entre otras cosas, las siguientes cuestiones:

1. La democracia es el camino de realización personal; la autonomía lo es de la realización como pueblo.

2. La necesaria descentralización de la fiscalidad.

3. Es fundamental el respeto a los derechos humanos y hacer posible la participación de los ciudadanos en la dirección política del País.

4. La centralidad de la DC es la persona, único protagonista, beneficiario y valor supremo de la vida política,

5. Que los beneficios del progreso intelectual y material lleguen a todos los miembros de la sociedad.

Vicente Ruiz Monrabal (fig. 4)

6. Avanzar paso a paso por el camino seguro de la igualdad y la justicia social.

7. Procurar que la igualdad de oportunidades sea efectiva para todos, así como la atención a los sectores más desatendidos de nuestra sociedad.

8. Garantizar que un provecho económico alcance al trabajo de los agricultores.

9. Potenciar el movimiento cooperativo.

Durante los años siguientes hubo un largo trayecto de los Partidos de la DC, a raíz de aquél "fracaso" propiciado desde las altas instancias de la Iglesia oficial y no se siguió (por razones económicas y otras de mayor calado)con el lógico impulso de continuar para mostrar mejor la conveniencia de un Partido estatal y/o autonómico que lograra mejores resultados y tener vida parlamentaria propia, similar a la que tienen hasta nuestros días el PNV y UDC. Un sector estrictamente cristiano-demócrata (el PDP) sí que siguió por su parte adelante, a nivel estatal, bajo la dirección de Óscar Alzaga (1983-1987), continuado posteriormente (1987-1989) con la denominación de Partido "Democracia Cristiana" (PDC) bajo la Presidencia de Javier Rupérez.

La entrada de algunos miembros de la UDPV en la UCD, entre ellos Vicente Ruiz Monrabal, le dio ocasión de vivir/asistir "en sede parlamentaria" a uno de los episodios más lamentables de la historia democrática española: la entrada del Coronel Tejero (con sus guardia-civiles), esta vez a pie -sin resultado positivo para sus protagonistas- y no a caballo como el General Pavía en el Siglo XIX en que sí "tuvo éxito" y clausuró la I República (Federal). Y es que, realmente, no sabe uno a ciencia cierta como asimilar que los militares se arroguen tan a menudo un papel "salvador" que, justamente, vaya a suponer la supresión de la voluntad popular en el ejercicio de su derechos constitucionales. Quizás, con el tiempo, se logre una eficaz reducción de la producción de armamentos, sin lo cuál queda en teoría que no vayan repitiéndose continuadamente golpes militares (como el reciente de Egipto) y las devastadoras guerras a las que venimos asistiendo, que, sumadas todas, parecen constituir otra variante de Guerra Mundial (ahora la III), como ha reiterado recientemente el Papa Francisco en su viaje a Cuba.

No obstante la UDPV pervive hasta nuestros días prácticamente, pero sin tomar parte de convocatorias electorales, bajo las mismas siglas, que ahora significan "Unió Democràtica del Poble Valencià", presidida por Vicent Miquel Diego, contando como Secretario con Agustí Colomer Ferràndiz (quizás el mejor conocedor de la historia política cristiana valenciana), así como con "incombustibles" entusiastas históricos como p.ej. Vicent Diego Ramón.

La "refundación" de la UDPV tuvo lugar el 23 de julio de 1996; dicha agrupación ha ido desarrollando, si bien con una menor intensidad progresiva, una titánica labor como fuente de estudio, sin llegar a constituirse- incomprensiblemente- en Partido Político con lo que retomar la participación electoral. Su órgano de expresión ha venido siendo la Revista "Al Vent", que inició su andadura en la clandestinidad (1964-1968) y luego ya, a partir de 1975, continuó durante años.

Una dificultad importante en dichas fechas la supuso no contar con prensa cercana al pensamiento DC en Valencia (como podría haber sido el periódico de esta denominación -"Diario de Valencia"- que estuvo activo en tiempos de la II República, y que llegó a dirigir el propio Luis Lucía). En efecto, el más antiguo de los vigentes, "Las Provincias" (con una denominación por sí misma que se nos antoja bastante "entreguista" al centralismo mal entendido), que en años recientes se autodenomina -por alguno de sus colaboradores- "católico" (cuando incluye a diario páginas de propaganda de prostitución, lo mismo que el otro periódico de la "competencia" el "Levante -El Mercantil

Valenciano-", cuya alineación ideológico-social apenas es inteligible). "Las Provincias" en cuanto a la actividad de la UDPV y otros, por aquellas fechas (12 Agosto 1996) nos propinaba denuestos varios: nos llamaba "cristianos" (y no cristiano-demócratas) y que "hundimos aquello que tocamos" o que solo callamos cuando las urnas nos dan el "cañazo". La directora del mismo, María Consuelo Reyna, por cierto, no tardó en dejar su actividad periodística, a satisfacción de los "cristianos" lógicamente.

Precisamente a partir de 2001 propusimos a la dirección de la UDPV que esta pudiera adoptar la etiqueta de "Unió Democràtica" (de la Comunidad Valenciana, Reino o bien País, que lo mismo daría), al modo de nuestros homónimos catalanes coaligados con "Convergència Democràtica de Catalunya" (CDC) que configuraba el Partido coaligado "Convergencia i Unió" (CIU), si bien en nuestro caso, al menos de momento, sin ensamblarse con otros grupos políticos valencianos por la dificultad ideológica que ello comportaría, pero también por el "peligro" de que el PP (como ya hizo con el Partido "Unió Valenciana") jugara hasta con cierto desespero a englobarnos vs. fagocitarnos y, por tanto, a hacernos desaparecer como agrupación política.

En este sentido, y por los argumentos que esgrimimos en este escrito, no queda claro que haya que ensamblarse con Partidos de corte liberal, como ha hecho UDC con CDC bajo la federación llamada CIU; no son precisamente los postulados liberales los que se atemperan más a los de la DC fundacional, los cuales llevados a ciertos niveles ya fueron a finales del Siglo XIX rechazados por el Vaticano (León XIII, Encíclica "Rerum Novarum").

Precisamente la gravedad del momento actual acerca de la "Crisis" económica mundial en que estamos inmersos apoya aquél aserto, cuando se constata la progresiva mayor diferencia entre ricos y pobres, consecuencia básicamente de la llamada "globalización" en que se apoya una dinámica financiera internacional, sin fronteras, en que las personas de a pie quedan denostadas cuando no lanzadas a situaciones de penuria. El propio Papa Francisco se planteó desde el inicio de su Pontificado que la Iglesia Romana fuera a ser la de los pobres precisamente, o al menos con una "opción preferencial por ellos" (1).

Considero, en fin, que la DC ha de retomar su más específico sentido y que viniera a tener no más poder que el que otorgue la calidad y popularidad de sus hechos, como ocurre en otros lugares del Planeta, sin ambigüedades, como en Alemania, en donde el Partido gobernante se denomina CDU, con su asociado bávaro, que enfatiza su condición proclive hacia las capas más deprimidas de la sociedad, y cuyo nombre por ello es el de "Christliche Sozial Union", en el poder durante lustros en Baviera. Otra cosa es que los reduccionistas de siempre atribuyan a dicho partido una condición como "de derechas", cuando precisamente ha fructificado en la Alemania Federal una Gobierno de coalición con el socialismo (SPD) que viene dando como resultado que dicha nación esté considerada como motor de la Unión Europea actualmente.

Ruiz Monrabal, deseoso de continuar en primera línea política (tras las elecciones de 1977) se alistó en la UCD (una coalición de partidos, entre ellos la DC), pasando a ser Diputado nacional; algunos, en cierto sentido también pusimos mucha ilusión en dicho Partido, hasta la "conclusión" del mismo, sin reorientarnos hacia su derivado : el "Centro Democrático y Social" (CDS) liderado por Adolfo Suárez, que -como era de esperar- tan corto recorrido histórico tuvo.

La "vena cristiano-demócrata valenciana" ("DNA" como ahora se dice) se ha acreditado a través de los años, desde Luis Lucía de modo expreso a nuestros días, con carácter entonces "regionalista" (21) y posteriormente netamente "nacionalista", quizás ensamblada con el concepto de la "patria valenciana" de la Exposición de 1909, que tan variopinta expresión tiene en nuestros días por parte de distintas fuerzas políticas (UDPV, Unió Valenciana-UV-, Bloc Nacionaliste Valencià-BNV-, entre otros).

Fruto de este enfoque han ido trabándose nexos operativos con el PNV y UDC, en particular a partir de haber confluido en momentos difíciles (1962) en la reunión de Munich, etiquetada por el Gobierno del General Franco de "contubernio" (2), y que analizamos en otro lugar de este escrito.

En este marco, hasta nuestros días, se ha ido materializando el principio "personalista comunitario" (que no comunismo que bien otra cosa ha sido y es, con quienes se nos ha querido confundir por parte de grupos "outsider" del sistema democrático que nos hemos dado), que tan esencial le es a la DC y se plasma en lo económico en el desarrollo del cooperativismo como herramienta para el logro de la justicia social y laboral, en particular en el mundo irredento de la agricultura, del que eficaz modelo viene representado por la cooperativa "Unió Cristiana" de Sueca (Valencia), algo así como, que sepamos, ocurre con el grupo de Mondragón (Vascongadas), todos ellos ajenos a lo que supone tanto el colectivismo comunista como el capitalismo explotador basado en el "ánimo de lucro", que tan decididamente clarifica y deslinda el Papa Juan Pablo II en su Encíclica "Laborem Exercens" (18).

Con todo, las relaciones de la UDPV con el PNV ha sido dispar, desde algún desplante (y hasta algún anatema e incluso "silencio administrativo") del que fuera Presidente de dicho Partido Xavier Arzallus (1996), hasta la cordialidad rotunda de Iñaki Anasagasti (a propósito en este caso de la expulsión del PNV de la Internacional Demócrata-Cristiana).

UN PARTIDO "PUENTE" FUNDAMENTAL: LA UNIÓN DE CENTRO DEMOCRÁTICO (UCD)

La "Unión de Centro Democrático" se constituyó de cara a las primeras elecciones democráticas (1977) tras la conclusión de la Dictadura del General Franco (1975). Se trató de una coalición de conservadores (algunos de ellos provenientes del anterior régimen, como el propio presidente de dicho Partido Adolfo Suárez, con su matiz centrista), democristianos (con Óscar Alzaga al frente, así como algunos relevantes miembros de la UDPV como Ruiz Monrabal) y socialdemócratas (presididos por Francisco Fernández Ordóñez). Venció en dichas elecciones y gobernó hasta la dimisión de Adolfo Suárez en 1981, en vísperas del golpe militar de febrero de dicho año (el tristemente famoso "23-F").

El papel de la UCD fue formidable, ya que materializó la voluntad de un amplio espectro de gentes de buena voluntad y sedienta de dejar atrás cuanto se vivió desde 1936 a 1975, superando el tenebroso y trágico resultado de las "dos Españas" enfrentadas, esta vez con la paz como principio axial, sin exclusiones ideológicas, salvo los radicalismos violentos, todo lo cuál se plasmó con la aprobación -costosa y laboriosa- de la nueva Constitución de 1978. Esta sufrió el asedio verbal de los que añoraban el pasado, como p.ej. del Presidente del Partido "Fuerza Nueva" Blas Piñar, que llegó a etiquetarla de "atea, marxista y anti-española"; también recibió denuestos de los eternos descontentos, más atentos a los epítetos que a la búsqueda de soluciones y de una sana convivencia, cuya diana recayó en el socialdemócrata Fernández Ordóñez, en especial por la Ley que se aprobó, a su propuesta, la regulación del divorcio (con la que discrepamos entonces y ahora los cristiano-demócratas, por cierto).

Curiosamente la fórmula de la UCD se parece mucho al actual Gobierno de la Alemania Federal en el que confluyen los cristiano-demócratas (con Angela Merkel) y social-demócratas (con Martin Schultz), de tan fructíferos resultados viene dando, más de una legislatura, hasta el punto de considerarse a aquél País como la "locomotora" de la Unión Europea.

Un debate en esta línea es si no se lograrían similares resultados que en aquel País en el nuestro solo con un Gobierno de la DC que pusiera su acento en la problemática social (como la "Christliche Sozial Union"), desarrollado con la suficiente profundidad, que bien recordaría los postulados y trabajos de sus equivalentes españoles Luis Lucía Lucía y Manuel Giménez Fernández. La verdad es que la actual coalición gobernante en

Alemania no deja de evocar al conocido como "Partido único" de otras latitudes, si bien con filosofía bien distinta, y hasta opuesta.

Se vivió entonces con la UCD y demás Partidos políticos un tiempo colectivo de entusiasmo ante el nuevo panorama que se abría (el de la democracia) con todas sus implicaciones volcadas a la recuperación de las libertades que se habían perdido (de expresión,reunión, lingüísticas, elección de dirigentes político-sociales, etc.), sustituyendo las "asociaciones políticas" de tiempos del tardofranquismo por los auténticos Partidos políticos, que han ido configurando hasta nuestros días la alternancia en el poder, según las tendencia de los grupos mayoritarios, si bien con una vigencia minusvalorada de las minorías políticas, en buena parte por la persistencia de la ley electoral D'Hont, que hace un flaco favor al principio democrático del "gobierno de las mayorías con respeto a las minorías", dificultando así la participación o contribución de señalados grupos (UDPV, p.ej.) en el común denominador de la gestión pública y social.

La figura de Adolfo Suárez y del Rey Juan Carlos I, en la cúspide, merecen respeto y hasta admiración por su impresionante papel durante la "Transición" a los nuevos tiempos, así como la de numerosos lideres políticos (Manuel Fraga, Felipe González, Francisco Fernández-Ordoñez, Óscar Alzaga, Josep Antoni Duran-Lleida, Iñaki Anasagasti, Tierno Galván, Santiago Carrillo, Jordi Pujol, etc.) y asociaciones múltiples encaradas a la democracia (ACNP, Tácitos, Fundación Humanismo y Democracia, Fundación Pablo Iglesias etc.), todas ellas adosadas no solo a las clases dirigentes sino también a los españoles de a pie.

En la medida en que en los primeros años 80 se fue "desintegrando" la UCD (para fruición de los muñidores del futuro, añorantes de esquemas periclitados) fue cobrando mayor volumen progresivo (a expensas, en buena parte, del derribo de la UCD, cuyo papel ahora más de uno añoramos) el Partido Alianza Popular (AP), dirigido por Manuel Fraga, que más adelante adoptó el nombre de Partido Popular (PP), que no accedió plenamente al poder hasta los años 90 bajo la égida de José María Aznar.

De acuerdo con esta deriva, la DC desarrolló su actividad a nivel estatal, sucesivamente, primero por medio del Partido PDP (con Óscar Alzaga de Presidente) y posteriormente por el liderado por Javier Rupérez (PDC), con mediocres y transitorios resultados. Considero que a la DC no le ha favorecido en España coaligarse con otros grupos políticos, ya conservadores (AP,PP), ya liberales (CDC), como se demuestra en este último caso, a dia de hoy con motivo del separatismo catalán , del que no participa UDC. La DC en su conjunto tiene pendiente, pienso, desplegar todo su potencial con rigor y persistencia para llegar a gobernar a España, al modo de lo hecho por la CDU en Alemania.

LA FUNDACIÓN HUMANISMO Y DEMOCRACIA

La "Fundación Humanismo y Democracia" fue fundada el 13 octubre de 1977 por el ala democristiana de la UCD (3), bajo los auspicios y apoyo económico de la Fundación Konrad Adenauer alemana, en los años iniciales de los Gobiernos de la DC en aquel País, que con Ludwig Ehrhard (en Economía) fueron efectores -junto al Plan Marshall americano- de la recuperación alemana tras la II Guerra Mundial, que constituyó el denominado el "milagro alemán" por su eficacia y poder transformador.

Uno de sus Presidentes, Bruno Heck, manifestaba al periódico "Ya" (23,abril,1983): "los democristianos constituimos un grupo "sui generis" que no se puede comparar a los conservadores ni a los socialdemócratas, ni a los liberales tradicionales; tenemos un carácter acentuadamente social".

La FHD, entre nosotros, funcionó como tal unos años, con delegaciones en Provincias (entre ellas Valencia), con la que estuvimos trabajando unos años, con personas de la DC como

Vicente Ruiz Monrabal y el nacionalista Luis Sanchis Martínez, entre otros, hasta que fue siendo absorbida progresivamente por componentes del PP (en especial José María Aznar), que pergeñaron la Fundación para el Análisis y Estudios Sociales (FAES), con una estructura y fines partidistas (conservadores a mi juicio) al modo de otras agrupaciones similares como la Fundación Pablo Iglesias respecto del Partido Socialista Obrero Español (PSOE).

En 1983 redacté en el seno de la FHD un opúsculo (7) titulado "Hacía una Democracia Cristiana en España", que contó con el apoyo -con matices acerca del centrismo- de Ruiz Monrabal, y que finalmente no fue publicado ni siquiera como documento interno, dadas las dificultades económicas de aquellos momentos por parte de la Fundación, como explicó Fernando Álvarez de Miranda. En dicho escrito formulé, entre otras, las siguientes consideraciones:

a) "si el pensamiento creencial no tiene operatividad en la vida de quién lo sustenta, pierde su misma razón de ser".

b) "en la acción política debe primar el bien común (a lo Santo Tomas de Aquino, digo ahora) sobre los intereses particulares o gregarios".

c) "ningún daño real a personas o grupos concretos viene justificado por cualquier fin que se invoque".

d) "es necesaria la promoción de todos los grupos y

personas participativas (democráticas) en aras de la convivencia armónica entre ellos".

e) "la DC no puede entrar en la dialéctica izquierdas-derechas, que parece deseada por los grupos que creen científicamente en la lucha de clases; o sea: el frente debe ser ideológico y no espacial".

f) "la DC deberá transmitir un mensaje de esperanza, de renovación amorosa de las relaciones sociales, de apoyo a quién en cada momento se halla más desvalido".

g) "la corriente economicista de la vida política y social debe ser superada y llevada a la esfera de la vida humana superior , en el marco del espíritu y de los valores no cuantificables".

h) "al empuje distributivo del socialismo clásico habrá que añadir la básica necesidad de crear riqueza, que resulta de la iniciativa de las personas y de los grupos, evitando la magnificación de las tareas del Estado".

i) "la DC tiene fórmulas propias, ajenas al socialismo de raiz marxista, para abordar y resolver los problemas laborales".

j) "se trata de superar la lucha de clases, especialmente afincada en la dialéctica capitalismo-marxismo, en la que la DC no debe entrar por serle esencialmente ajena".

k) "lo público o lo privado será o no defendible en base al rendimiento que proporcione a la comunidad en su conjunto".

l) "el denominado "lucro" en la empresa no es asumible para la DC, aunque sí la "ganancia", siempre que a esta se le dé una aplicación social destinada a seguir produciendo riqueza". Y añado ahora: una vez detraído un capital de ahorro para los componentes de la empresa, de acuerdo con las directrices de la Encíclica "Laborem Exercens" de Juan Pablo II (18).

ll) "es mermada la vida de quién consume casi todo su tiempo en trabajar; se debe encontrar un equilibrio entre trabajo-tiempo libre, para el desarrollo armónico de la vida humana", y

m) "para la DC el fin no justifica los medios inadecuados vs fraudulentos, sino que eso medios deben ser lícitos para la obtención del fin que se plantee".

DOS PARTIDOS POLÍTICOS CRISTIANO-DEMÓCRATAS ASENTADOS: PNV Y UDC

El PNV fue fundado en 1879 (6) por Sabino Arana con un fuerte sentido identitario y con la mirada puesta en constituirse en independiente del resto de España.

Su trayectoria es sencillamente admirable, por la nitidez de su contenido y por su permanencia a través de tantos años y avatares históricos vividos. Una de sus características constitutivas y operativas, que se ha mantenido a través de los años -otro motivo de admiración- ha venido siendo su capacidad para disociar el derechismo del catolicismo, ya que en el nacionalismo vasco existían "elementos de unión con las derechas", según Javier Tusell (36); también según este historiador, le han sido constitutivas unas "concepciones avanzadas en el terreno social y, en lo político, el descubrimiento de los valores cristianos de la democracia", en consonancia, entre otros, con el pensamiento político francés capitaneado por Jacques Maritain (25). No ha sido pues el nacionalismo vasco algo "de derechas", como se viene afirmando que tal sea atribuible a todo nacionalismo y banalmente se afirma por círculos sesgados (o manipuladores) o poco informados.

Efectivamente, en las II Jornadas Demócrata-Cristianas celebradas en Valencia en 1975, presididas por Vicente Ruiz Monrabal, el PNV sostuvo, en su ponencia, "su repulsa frente al capitalismo como sistema generador de profundos desequilibrios sociales" (2). Aunque esta afirmación requiera de matizaciones, no menos expresa uno de los criterios constitutivos de toda formulación que se precie de atenerse a la proyección "preferencial" -que no, por tanto, exclusiva- por los pobres (46) de cualquier Partido con orientación cristiana como es la DC.

La evolución de la "Internacional Demócrata-Cristiana", como se demostró en su Congreso celebrado en Santiago de Chile en el año 2000, fue la "derechización", con "la entrada de los conservadores británicos y del Partido de Berlusconi; eran muchos, pero habían traicionado sus orígenes", como remarca Iñaki Anasagasti (fig.5) (5). Justamente en dicho Congreso se expulsó al PNV, al vincularle tendenciosamente con la ETA; a ese respecto, Duran Lleida comentaba (diario El País 12,octubre,2000) que "el PP había promovido e instigado una campaña malévola, utilizando el dolor de las víctimas de ETA para expulsar al PNV de la Internacional Demócrata-Cristiana"; su Partido (UDC) presentó una enmienda para evitar dicha expulsión, lo que le valió perder la Vicepresidencia de dicha formación (Diario Las Provincias, 12,octubre 2.000), amén de la amenaza de también expulsarles a ellos. Íñigo Urkullu (Diario el País, 10 octubre 2.000) consideró dicha expulsión "una traición histórica al pervertir lo que había sido hasta entonces la actuación de la DC".

A partir de entonces dicha Internacional pasó a denominarse "Internacional de Centro Reformista", de la mano

Iñaki Anasagasti Olabeaga (fig. 5)

de José María Aznar, quién, según Anasagasti (5) "jamás había sido un demócrata-cristiano". Casi coetáneamente, el PNV abandonó el Partido Popular Europeo (Diario Las Provincias, 30 septiembre 1999), llegando a conformar con CIU y Coalición Canaria, a nivel de Unión Europea, la denominada electoralmente "Coalición por Europa" (CE). No es de recibo, en fin, que se haya sesgado la acción política y social de la DC hacía los criterios netamente derechistas (para satisfacción de los propagadores de la dialéctica derechas-izquierdas a lo que tan acostumbrados se nos tiene en España); Xavier Arzallus justificaba aquella decisión por "la orientación mayoritariamente conservadora del PP europeo, que nos hace sentir cada vez más extraños, en un partido que está diluyendo las señas de identidad a favor de la acumulación de fuerzas dispares, con el único objetivo de superar globalmente a las fuerzas de izquierda". La postura del PNV fue apoyada por la DC de Italia, Venezuela, Luxemburgo y Chile.

La relación del PNV con la UDPV ha sido dispar. Por un lado Xavier Arzallus declinó asistir a pronunciar una conferencia en Valencia (Curso 1996-97), añadiendo que "tampoco pensaba venir en ninguna otra ocasión", y todo ello a pesar de la gestión personal del Presidente de la UDPV Vicent Miquel Diego. Por aquellas fechas, con motivo de una moción parlamentaria en el tema del aborto, yo no acababa de entender la postura al respecto del PNV (que no me pareció contundente respecto a la protección explicita del derecho a la vida del no nacido), por lo cuál le escribí al propio Xavier Arzallus para conocer los detalles de la cuestión, sin recibir ninguna contestación suya.

Por el contrario, cuando el PNV fue expulsado en Chile de la Internacional Demócrata-Cristiana (año 2000), escribí a Iñaki Anasagasti mostrándole mi afecto y repulsa por aquella indebida decisión, a lo que me contestó con rotundidad y gracejo agradeciéndome mi apoyo, por modesto que fuera, que lo era, pero no por ello menos subrayable.

En cuanto a "Unió Democràtica de Catalunya", "proveniente de la tradición de los partidos nacionalistas catalanes" (38) se asoció con Convergencia Democrática de Catalunya para formar un Partido coaligado: el CIU.

Javier Tusell (36) considera que UDC constituyó "el único partido demócrata-cristiano en España durante los años treinta, que pretendió oponerse, en lo social, tanto al liberalismo como al colectivismo, sin ser por tanto ni de derechas ni de izquierdas; en dichos años la UDC había preferido la solución federal en vez de la impuesta por la Constitución aprobada; en todo caso, el ideal de UDC era, tanto en el medio agrícola como en el industrial, la "conversión del proletariado en propietario".

Tras el tiempo en que fue dirigente de UDC, el " histórico" Antón Cañellas, y hasta nuestros días, ha seguido activo (bajo las siglas CIU), bajo la batuta de Josep Antoni Durán Lleida (fig.6,), muy en particular como líder de su grupo (CIU) en el Parlamento Español (Madrid), en donde ha defendido los intereses de Cataluña, sin detrimento de los generales de España, con extraordinaria pericia y paciencia,al conseguir solo parte de sus reivindicaciones, lo que entiendo ha dado soporte (junto a otros fenómenos) al programa soberanista de CIU (mejor dicho de CDC y el Partido Esquerra Republicana de Catalunya -ERC-) de estos años, razón por la cual la UDC se ha desmarcado de dicho proyecto, por ser partidario de una solución federalista, tan propia (aunque no exclusiva) de la DC.

A su talante y brillantez parlamentaria se ha añadido una elevada valoración ciudadana en las encuestas de Centro de Investigaciones Sociológicas (CIS). A nivel autocrítico, señalaba en 1996 (Revista Tiempo, 8 julio) que "a los militantes de la UDC la gente nos ve humildes en la gestión política, nos observa honestos, vocacionales, impregnados de un ideario y unas actitudes que corresponden a ese ideario".

Con todo, en las recientes elecciones autonómicas (mayo,2015) y generales (diciembre,2015), tras desligarse UDC de su asociación con CDC, el resultado obtenido ha sido más que decepcionante, ya que al no lograr alcanzar al menos el 5 % de los votos, se ha quedado fuera de los nuevos Parlamentos catalán y español . Es posible que este haya sido el "castigo" que les han infligido numerosos votantes que sí eran partidarios de que UDC se adhiriera al bloque separatista constituido por CDC y ERC.

Josep-Antoni Duran Lleida (fig. 6)

Duran Lleida favoreció el ascenso del PP al mostrarse discrepante (Diario ABC, 25 mayo,2010) con la política económica del entonces Presidente del Gobierno José Luís Rodríguez Zapatero y con ello contribuyó a que se convocaran elecciones (2011), apoyando con ello a un Partido (PP) que no ofreció una crítica constructiva-que hubiera sido " de Estado" y no netamente derrotista- sino que mayormente se vació en denostar biofísicamente en lo personal (y a veces con tintes paranoides) a aquél gobernante, que dio cuanto era a favor del bien general de los españoles y a quién hoy hay que reconocerle cuanto logró de positivo, y cuya deficiencia o error ante todo fue no contar con un equipo económico de gobierno de nivel adecuado, a pesar de su buena voluntad, de quien lo encabezaba (tras la defección de una de sus mejores cabezas en economía del PSOE: Pedro Solbes).

Con Duran Lleida mantuvimos una relación epistolar (y en conferencias suyas en Valencia) hasta que (1997) cedí en ello (lamentándolo mucho) puesto que puso en cuestión en el Parlamento español la identidad del idioma valenciano, asimilándolo a una variante del catalán, dialéctica que todavía se mantiene en Valencia, a pesar de haberse constituido (a iniciativa del Presidente de la Generalitat Valenciana Eduardo Zaplana) la denominada "Academia Valenciana de la Llengua", que, con su propia denominación, se podía adivinar qué iba a ser, desde el primer momento: una sucursal del idioma catalán, con el apoyo, entre otros, de la Universitat de Valencia (Estudi General), de ciertos partidos de "izquierdas" (PSOE, Bloc Nacionaliste Valencià -BNV-, Izquierda Unida -IU-), así como de su homólogo de la prensa Local (Levante-EMV), de modo que a los que defendemos el carácter autóctono de la lengua valenciana (aunque con similitudes con la catalana) nos etiqueta dicho periódico ridículamente de "secesionistas". (menos mal que, últimamente, se no llama " diferentes" pero no "secesionistas".)

La cuestión no es baladí, ya que a mi juicio constituye un escollo severo que obstaculiza la cuestión nacionalista valenciana que es una de nuestras señas de identidad (UDPV), que contribuiría a la existencia de una Comunidad Valenciana de todos, fuerte y que sepa afirmar su personalidad, y no con el carácter mendicante cerca de Madrid (21) y/o de Cataluña, a pesar del empuje en dicho sentido ejercido por Instituciones como Lo Rat Penat y la Real Academia Valenciana de Cultura, como también de personalidades de denso empuje como Manuel Broseta y Joaquín Maldonado, en lo político, por citar a algunas de mayor rango. Valencia, en resumen, debe sernos "devuelta", como decía Julián Marías (24) respecto a España,en la transición a la democracia de los años 70, por parte de quienes nunca debieron arrogarse ser nuestros representantes; bien que formemos parte de un conjunto que nos engloba y al que no renunciamos: España.

El CIU en su conjunto entiendo que tiene en su activo haber contribuido a la gobernabilidad de España, asociándose a los Gobiernos mayoritarios (PP,PSOE), cuando ello ha sido necesario, bajo la Presidencia catalana de Jordi Pujol, una figura política esta de alto rango, tanto en conjunto y en particular (habrá que recordarlo en estos momentos en que tanto se le denuesta por cuestiones económicas, que no tienen porqué borrar sus grandes logros durante lustros) por su decisivo papel en la peor crisis democrática que constituyó el 23-F (1981), por su apoyo inolvidable al Jefe del Estado: el Rey Juan Carlos I.

PNV y UDC constituyen (como en su día habrá de ser la DC valenciana), los dos partidos de la DC con consistencia para sobrevenir al paso del tiempo (a pesar del actual avatar del segundo de ellos), que a su vez son en buena medida el soporte operativo de los denominados "problemas vasco y catalán", de permanente vigencia y para el que no se encuentra una solución que satisficiera tanto al centro (Madrid) como a la periferia. Personalmente entiendo que la salida es el Estado Federal Español, muy acorde con los principios fundacionales de la DC, sin descartar que en un momento dado pudiera someterse a votación la posible independencia de dichos territorios (por su derecho a la autodeterminación), pero eso sí, partiendo de que una amplia mayoría lo propulsara una y otra vez y de que la consulta englobara a todo el pueblo español en su conjunto.

Y es que, hasta nuestros días, ambos Partidos (el PNV más añoso) han atravesado diversos avatares que no han logrado desnaturalizarlos, ni menos hacerlos desaparecer:

1) el liberalismo economicista, ya criticado severamente por el Papa León XIII a finales del S.XIX en su Encíclica "Rerum Novarum".

Es mucho lo que conlleva hablar in extenso del sentido y literalidad del vocablo "liberal" en la historia de los tiempos más recientes, que viene asociado al manejo de la economía global, que ha mostrado no estar precisamente al servicio de las personas y grupos menos favorecidos, sino más bien como fuente de mayores diferencias entre sus magnates (a veces "mangantes") y el conjunto de las personas de a pie. Por eso sigo sin entender la frecuente coalición entre DC y liberales, por ejemplo como ocurrió con el CIU y como fue el caso en los años 80 con la coalición electoral AP-PDP-PL (Alianza Popular, Partido Demócrata Popular, PartidoLiberal), que por cierto no resultó potenciador para cada uno de sus componentes (y que provocó el "cansancio" de Manuel Fraga en su legítimo intento de alcanzar la Presidencia del Gobierno, con la consiguiente cesión de dicho encargo a José María Aznar, que sí logró dicho objetivo años después).

2) el "bombardeo" machacón e inmisericorde sufrido por el PNV por parte de la derecha vasca y no vasca, calificándole como parte de la ETA, a todas luces falso (la DC no tiene esa metódica por una cuestión de principio: "nadie tiene derecho a matar a nadie"). El pueblo vasco ha ratificado este último criterio al otorgarle al PNV repetidamente los votos necesarios para que haya presidido muchos años su Gobierno.

3) el pésimo trato dado al PNV por la Internacional Demócrata-Cristiana, al expulsarle de su seno (año 2.000), lo cuál, en el fondo, ha sido "depurador" para dicho Partido que sin saberlo ni beberlo se vio así desvinculado del componente "conservador" de aquella Internacional, tan desfigurador de la esencia (central y centrada) de la DC, al punto de que un

destacado líder del PNV llegó a decir (a titulo personal a quién suscribe este escrito) que dicho "atropello" estaba propiciado por quienes "ni eran demócratas ni eran cristianos", lo que "auguraba la muerte de dicha Internacional".

Así y todo, en las recientes elecciones generales (diciembre,2015), yo entiendo que "anecdóticamente", ha quedado también fuera del Parlamento Español la UDC. Pienso que ha llegado el momento de que este partido de la DC -cuya presencia política se va acercando a los cien años- se reconstituya, analice bien los apoyos que tiene, siga su propia hoja de ruta democrática (asentada en la enorme base ideológica sobre la que se sustenta) y se presente en las próximas elecciones que se convoquen, para volver al sitio que nunca debió perder (entiendo que en buena parte se ha debido a su supeditación durante años al paraguas de CDC).

En cuanto al Partido canario "Coalición Canaria" (CC), federado con PNV y UDC para formar la "Coalición por Europa", no nos consta que forme parte de la DC, si bien en su ideario reúne numerosas cláusulas que tienen matices congruentes con las de la DC, a saber:

1) propician "la igualdad de derechos de las mujeres y los hombres, de modo que todos tengan a priori las mismas oportunidades en cualquiera de las islas que habiten", y

2) defienden "una economía mixta que otorgue el protagonismo que le corresponde a la iniciativa privada, pero en la que los intereses particulares se subordinen a los generales".

DOS CRISTIANO-DEMÓCRATAS MODERNOS ENTEROS: ÓSCAR ALZAGA VILLAMIL Y JAVIER RUPÉREZ RUBIO

Respectiva y sucesivamente encabezaron los dos Partidos de ámbito estatal: el "Demócrata Popular" (PDP, 1983-1987) y el denominado "Democracia Cristiana" (PDC, 1987-1989).

Ambos a nivel estatal representaron lo que el PNV y UDC en el ámbito autonómico vs. federalista y/o nacionalista (no "español" estrictamente).

En aquellos veíamos algunos de nosotros una razonable evolución de la DC, entonces ya con carácter independiente, una vez concluida la coalición que constituyó la UCD. Con todo el PDP probó suerte electoral (1982 y 1986) con Alianza Popular y el Partido Liberal, los cuales, conjuntamente, lograron superar en un par de consultas electorales los cien diputados, con lo que se mantuvieron en la oposición a los sucesivos Gobiernos de Felipe González (PSOE), y ello hasta que Manuel Fraga Iribarne abandonó la política española, para acantonarse (y con mucho éxito) en su tierra natal (Galicia). El PDP dejó la coalición con

AP-PL en 1986, tras las Elecciones Generales de dicho año, con la idea de "erigirse en Centro y dejando para AP (germen del actual PP) el espacio de la derecha" (periódico Ya, 22,mayo,1987).

Tras abandonar la UCD, Óscar Alzaga (fig.7) manifestó en la revista "Tiempo" (8,agosto,1983) lo siguiente:

Óscar Alzaga Villamil   (fig. 7)

a) "el PDP no es propiamente parte de la derecha, si bien estamos asociados con ella en una coalición electoral (hasta 1986), que si se quiere constituye el centro-derecha",

b) "nosotros partimos del humanismo cristiano, creemos que hay que subordinar la conducta política a las normas éticas, reconociendo la dignidad de la persona humana".

La fuerte personalidad de Oscar Alzaga Villamil (más académica que política, a mi juicio, algo similar a lo que concierne al profesor Ángel Gabilondo Puchol, candidato en 2015 a la

Presidencia de la Comunidad Autónoma de Madrid) forjó el nuevo Partido (PDP,1982) basado en sus vastos conocimientos históricos, en particular acerca de la DC (4), de algún modo sustentado en el denominado "Ideario Popular Democrático" (34) formulado por Javier Tusell (37), el otro gran conocedor de la teoría e historia de la DC en España. El Presidente del PDP había ingresado en la UCD (como muchos otros de nosotros) en 1977 y ocupó escaño en el Congreso de los Diputados desde 1978.

En 1983, el PDP, conjuntamente con la Fundación Humanismo y Democracia, convocó y celebró en Madrid la "I Escuela de Verano" (24-26 de julio) bajo el título "Una política de principios para la sociedad española", con ponencias significativas de Javier Rupérez y de Javier Tusell, entre otros; fueron unos días preclaros, de cierto entusiasmo, en que se enfatizó la contribución de Jacques Maritain al conocimiento de las posibilidades del cristianismo en política (25), entre otros respecto a la racionalización moral de la vida política, plasmada -de acuerdo con su pensamiento- en las relaciones Iglesia-Estado.

En mayo de1987 Óscar Alzaga abandonó la Presidencia del PDP "dolido por la actitud de algunos compañeros del Partido" (Periódico Ya, 22,mayo,1987), dejando su escaño en el Parlamento, pero permaneciendo como militante de base; entre los errores de los que se autoinculpó decía "haber introducido en 1982 al PDP en la coalición liderada por Manuel Fraga".

Me complace en aquellos años haber compartido el ideario del PDP (y una cierta gestión del mismo) con personas adscritas a esta ideología política de la talla de Vicente Ruiz Monrabal, Vicente Navarro de Luján, Angel Villanueva Pareja y Concepción Tuset Ruiz, entre otros. (no me parece ocioso recordar a algunos -inmersos en las elecciones generales del 20-D de 2015- que en 1987 había en España tres millones de parados.)

Uno de los destacados miembros del PDP fue el actual Ministro de Asuntos Exteriores José Manuel García Margallo, que posteriormente continuó su línea ideológica en el PDC (Partido Democracia Cristiana) de Rupérez y, llegado el momento, solo a nivel del "humanismo cristiano" recaló en el PP (que se atribuye dicho componente en su ideario). Con ello hizo gala de su criterio formulado en Televisión Española (TVE, 17,5,14), con motivo de la propaganda electoral en 2014 al Parlamento Europeo, en que consideraba que estando en un Partido grande (el PP en este caso), se podía influir válidamente en las tomas de decisión parlamentarias y que, por tanto "apenas tenían sentido los partidos pequeños". Lo que la historia luego demuestra es el alto coste ideológico que ciertos alineamientos estratégicos vienen a comportar, hasta límites a menudo desnaturalizadores, sea todo esto dicho reconociendo su excelente trabajo y esfuerzo en el desempeño actual -2015- de su cartera ministerial. ¿O es que el pensamiento cristiano-demócrata es una variante del derechismo? (Justamente este libro es un alegato de que, si en alguna área espacial ha de ubicarse la DC no es precisamente en la derecha.)

Siempre he entendido que si la DC hubiera que sesgarse electoralmente (y no permanecer únicamente en el Centro) habría de ser hacia la izquierda, en base a la conocida "opción preferencial por los pobres" (1) de la Iglesia Católica, quizás sin que su dedicación tuviera que ser exclusiva hacia este sector social, como formula el actual Papa Francisco (28), del cuál, con este matiz, discrepo filialmente.

En este aspecto, le formulé a Oscar Alzaga (enero 1984) el temor que se cernía de repetir la experiencia de la CEDA que, sin quererlo, formó un conjunto compactado de opciones políticas que acabaron constituyendo uno de los dos bloques (contrapuesto al llamado "Frente Popular"), que todos sabemos a la tragedia nacional (1936) que condujo. Por eso personalmente esperé a afiliarme al PDP a que se independizara de sus coaligados electorales AP y PL.

A partir de la dimisión de Óscar Alzaga (22,mayo,1987) asumió la dirección de dicho Partido el Vicepresidente del mismo Javier Rupérez Rubio (Fig.8).

Javier Rupérez Rubio (fig.8)

En escrito que le dirigí en agosto de ese año le plasmaba algunos aspectos que me parecían válidos de cara a aquella nueva singladura del PDP:

a) "el grupo nucleado alrededor de Óscar Alzaga ha logrado -ya para la historia- que la opción de la DC, como organización legal, no fuera una entelequia",

b) "la DC no es de derechas ni de izquierdas; su ubicación espacial debe ser el Centro".

c) "nadie de nosotros en la DC pretendemos arrogarnos cuanto de cristiano haya en el espectro político, pero sí debemos explicitarnos como Partido cristiano, conste o no este adjetivo en las siglas del Partido, explicando bien que no somos (ni creemos que nadie pueda ni deba serlo) el Partido de "Dios", al estilo árabe.

Al año siguiente decía Javier Rupérez (Hoja del Lunes, Valencia, marzo 1988): "la derecha y la izquierda no quieren que exista la DC en España; a unos sectores les inquieta el fuerte contenido social de la misma y a otros nuestro compromiso con las libertades; la DC quiere llegar a ser el Partido de los pobres". Asimismo planteaba "llegar a un entendimiento en el futuro con el PNV y con la UDC, también democristianos", si bien recalcó que su Partido no era "nacionalista -ni siquiera nacionalista español- aunque algunos discrepen de esta postura".

Respecto al matiz de "Partido de los pobres" es curioso que coincida a día de hoy con el posicionamiento del Papa Francisco en el inicio de su Magisterio, en que suscribía -respecto que la línea directriz del Vaticano en el futuro- esta misma idea. Realmente esa coincidencia de criterio satisface a los sectores más necesitados de la sociedad y a cualquier seguidor de Jesucristo, y políticamente a la DC, pero requiere para mí alguna matización:

a) en otro lugar de este escrito refiero la preferencia de amplios sectores dela Iglesia Católica por el concepto de adscribirse "preferencialmente, pero no en exclusiva, por los pobres", lo cuál comporta, a su vez, un más amplio análisis del propio concepto de pobreza. En efecto, en un documento interno de Humanismo y Democracia (7) postulaba yo mismo que "cuando se habla de pobreza, se da por hecho que es la económica y es, por supuesto, la más importante, pero no la única; efectivamente, conocemos por los Evangelios el mandato del Señor "buscad en Reino de Dios y su justicia y lo demás se os dará por añadidura" (Mt-6,33). Y añadía en dicho escrito : "aunque es obvio que "mens sana in corpore sano" (y que, por tanto, los bienes materiales primarios deben ser procurados -o mejor: gestionados- acuciantemente por los Gobiernos), se debe tender a llenar las otras áreas del hombre, en su más amplia dimensión, que pueden estar parcial o totalmente vacías" y "aunque la competencia forma parte de la dinámica social asumida por la DC, no debe llegar a límites que consuman todo o casi todo el tiempo libre de las personas, conduciéndolas a la otra pobreza preocupante: la de la escasez de tiempo libre disponible (para la familia, la dedicación creencial, los amigos, la cultura, la diversión, etc.);   es mermada la vida de quién consume casi todo su tiempo disponible, aparte del descanso diario, en trabajar, aunque obtenga un importante rendimiento económico, debiéndose buscar un equilibrio entre trabajo-tiempo libre, para el desarrollo armónico de la vida humana", y

b) es compleja y a la vez sencilla la cuestión del "confesionalismo" en el marco de la DC. Decía Javier Rupérez (Hoja del Lunes de Valencia 7, marzo, 1988): " mi Partido no va a ser confesional". Bien que la DC no vaya a ser (como ocurre con algunos Sindicatos) a modo de "correa de transmisión" de las respectivas Conferencias Episcopales. Y menos en los tiempos críticos actuales acerca del deficiente cumplimiento evangélico de ciertos sectores (o personas públicas) de la Iglesia. De todos modos la DC sí habrá de apoyarse (o desnaturalizarse sino)en los predicados de la confesión cristiana (romana o no) y, en ese sentido, habrá de ser "confesional", es decir "perteneciente a una confesión religiosa", como precisa el Diccionario de la Real Academia de la Lengua Española, es decir a cuanto lo que el término "cristiano" supone.

En esa dirección interpreto que la Dirección del PDP cambiase (1988) las siglas del Partido (PDP), simplemente por las de "DC" (Democracia Cristiana simple y sencillamente, aunque estimo que, taxonómicamente, lo propio hubiera sido anteponerle la palabra Partido). Y siempre -habría que añadir- que ninguna acción o conducta del Partido DC se opusiera, por activo o por pasiva, a los postulados evangélicos.

Unos meses después (Diario Levante,24, junio 1988) declaraba Javier Rupérez que su formación (DC) era de "centro y democrática", reafirmando su carácter federal, reforzado en marzo de 1988 por los democristianos valencianos.

De todos modos, los orígenes, fundamentos, formulación axial y metódica operativa de su Partido vienen bien expuestos, de su mano, en el opúsculo (34) editado con motivo de la Convención del Partido celebrada el 4 de marzo de 1988.

En 1989, dos años después de haber asumido la Presidencia del Partido DC, Javier Rupérez, en un denominado "Congreso extraordinario" (de la que algunos pertenecientes a las comisiones de trabajo del Partido ignorábamos su convocatoria), tras la correspondiente votación (de 124 militantes), se decidió la disolución de dicho Partido (Diario ABC, 5, junio,1989). Todo ello, a mi juicio, por cansancio de la cúpula de dicho partido (y de buena parte de sus militantes, cuya decisión no compartí en aquellos momentos, ni tampoco ahora, tras tantos años transcurridos).

Los pertenecientes al extinto Partido optaron/optamos por las siguientes opciones (Periódico Las Provincias 27, enero,1989):

a) integrarse en el PP (esta posibilidad se estableció en Valencia, más o menos subrepticiamente); argumentaba Javier Rupérez (Periódico ABC, 5 junio,1989) esto: "en el PP se encuentra el porcentaje más alto de identificación ideológica que un democristiano puede encontrar en este País",

b) Pasarse al Partido "Centro Democrático y Social", de Adolfo Suárez,lo que en especial se dio en Alicante,

c) Continuar con el ideario y desarrollo del clausurado Partido, postura mantenida, entre otros, por Modesto Fraile y Pilar Salarrullana.

De todos modos, quienes vivimos de cerca, o en los aledaños, aquellos días, obtuvimos la impresión de una resolución cicatera del proceso cristiano-demócrata español que se vivió con tan decepcionante resultado, en los que se constató la continuidad -denunciada por Javier Rupérez al comienzo de su periplo como Presidente de esta DC- de la tendencia histórica de ciertos sectores de la derecha (del PP en este caso, que es lo que ha acabado siendo este Partido) y de la izquierda a rechazar la existencia de la DC en España, a quienes "inquieta nuestra vinculación con las libertades y nuestro fuerte compromiso social" (véase antes).

Contribuyó así Javier Rupérez (y el PDC en su conjunto), evidentemente sin buscarlo ni desearlo (sea dicho con el debido respeto a su persona y méritos históricos) al reforzamiento del nefasto bipartidismo vivido en nuestro País (años 30), y que derivó (aunque ahora apenas sea pensable, por el momento histórico y la orientación de la Unión Europea que estamos viviendo) a la amalgama de la CEDA y del Frente Popular. Curiosamente en los días (2015), previos a elecciones Municipales, Autonómicas y Generales, se alzaron dos fuertes Partidos ("Ciudadanos" y "Podemos"), que tienen en común el torpedeo a los dos Partidos mayoritarios (PP y PSOE).

Sorprendentemente hay quien piensa que "Podemos" vaya a representar "la religión por otros medios" (John Carlin, en el Periódico El País, 31 , enero, 2015), afirmación esotérica donde las haya, pero que invita a pensar en el vacío dejado en política por alguna formación seria de orden creencial (la DC), que se suponía podría haber sido el PP, que ha mostrado en estos años ser portaestandarte de la macroeconomía neoliberal y económica transnacional (globalización), al servicio del criterio dominante economicista de la vida social y política (que no seriamente atento a los postulados científicos y humanos de la economía en cuanto tal), desgraciadamente ajena a los principios axiales de la DC nacional e internacional. Menos mal que la evolución de aquella formación política ("Podemos") en unos meses le ha situado, de acuerdo con su gesticulación e irregularidades financieras, donde le corresponde: un grupo que pretende arrumbar todo el pasado, en especial la gesta de la Transición y la Constitución de 1978, de los que somos muchos los que, con matices, nos sentimos orgullosos.

UN PARTIDO "MISCELÁNEO": EL POPULAR (PP)

Lo mencionamos aquí, especialmente, por tener inmersa en su ideología el autodenominado "humanismo cristiano", pero también para referir, ante los hechos, hasta qué punto ha hecho gala a su propio planteamiento.

Por lo pronto proviene históricamente de Alianza Popular, fundada por Manuel Fraga, que obtuvo siete actas de Diputados en las elecciones generales (1977), logrando con el tiempo la mayoría absoluta parlamentaria por dos veces (2000 y 2011), obteniendo la Presidencia del Gobierno, sucesivamente, José María Aznar y Mariano Rajoy. Forma parte del Partido del mismo nombre (fundado en Luxemburgo en abril de 1976) en el Parlamento Europeo: el Partido Popular Europeo. Todo un "éxito" realmente. Según lo que se entienda por tal.

Viene manteniéndose, más aún que a nivel estatal, como detentor del poder durante los últimos 20 años (hasta mayo de 2015) en la Comunidad Valenciana (área autonómica y geográfica española en donde se asentó el Gobierno de la II República española, en los últimos meses -1939- de la Guerra Civil). Y ello perfectamente ensamblado con el centro (Madrid) del Partido, desde donde se han ido "decretando" quienes sucesivamente habrían de constituir el equipo dirigente "autonómico" en las sucesivas consultas electorales. No es de extrañar, dado su exacto origen (AP), aunque en los años 80 cambiara a llamarse Partido Popular (PP), dejando atrás las primitivas siglas.

No creo que nadie, a día de hoy, pueda poner en duda que el PP ha ido constituyéndose en el representante de la derecha política, por muy que algunos de sus componentes afirmen una y otra vez su carácter centrista. Por cierto, en 1999, le trasladé a José Mª Aznar que, a mi juicio, "cualquier Partido que se considerase afín a la DC (como, por entonces, se decía en la prensa diaria del PP) habría que ubicarse en el espacio de Centro, todo lo ancho posible y que si se sesgaba se desnaturalizaría". Dicho planteamiento no se me desestimó teóricamente en aquella ocasión.

Este posicionamiento del PP no ha sido baladí, al alejarse de la "opción preferencial por los pobres", como señalara en su día, por lo demás, el propio Javier Rupérez; de ahí que no haya sido en nuestros días este Partido sino el PNV y la UDC quienes detentan las señas de identidad cristiano-demócratas más significativas.

Interesantemente a ambos Partidos les es común la condición de "nacionalistas", lo cuál se inserta, en fin de cuentas, en el contexto del respeto a la persona y su entorno primero y primario: la patria, la nación; de lo contrario se pasaría del "personalismo" propio de la DC al "individualismo", al dejar a la persona desvinculada del ámbito grupal en que se aloja (7,21,27,33). Precisamente Juan Pablo II (19) se hacía eco del tema (2005) aseverando:

a) "la patria es en cierto modo lo mismo que el patrimonio, es decir, el conjunto de bienes que hemos recibido como herencia, que contienen también valores y elementos espirituales de nuestros antepasados",

b) "en polaco el término nación deriva de linaje; patria, a su vez, tiene sus raíces en el término padre, y desde el punto de vista etimológico está relacionado con el nacimiento".

c) "con el término nación se quiere designar una comunidad que reside en un territorio determinado y que se distingue de las otras por su propia cultura. La doctrina social de la Iglesia considera como sociedades tanto a la familia como a la nación, por eso en la historia de la humanidad nada las puede reemplazar; no se puede sustituir la nación por el Estado, si bien la nación tiende por su naturaleza a constituirse en Estado".

d) "una sociedad democrática es más cercana al Estado que a la nación, si bien la nación es el suelo sobre el que nace el Estado".

Nada que ver en las palabras del Papa relacionado

con que el nacionalismo sea "excluyente" sino justamente lo contrario, o sea "confluente." No es un tema adjetivo, y menos aún baladí, el tenor de los exabruptos de algunos, p.ej. de González Seara, que nos etiqueta (Semanario La Clave, marzo 2006) de "nacionalistas miopes y patrioteros", escrito que obtuvo la correspondiente contestación por nuestra parte (sin contestación, como casi siempre). Pero no es este el foro para extendernos en esta candente cuestión.

Precisamente, entre nosotros (Comunidad Valenciana), en el año electoral de 2015 se hacía eco un importante dirigente de los empresarios valencianos de la necesidad -según él y que compartimos- de que un Partido nacionalista se formalizara, después de tanto desajuste del Estado en cuanto a la financiación autonómica y otras cuestiones degradantes para con este territorio español (eje mediterráneo, autopistas privadas eternas, abandono de los cítricos, depauperación financiera, etc., etc.), de cara a las legítimas aspiraciones de estas tierras tan subyugadas por el poder central, como ya denunciaba Luis Lucía hace muchos años (21). ¿Que le pasa a Valencia? ¿cuál es su sustancia realmente? Habremos de volver in extenso sobre esta y otras preguntas que merecen análisis y, en su caso, un adecuado enfoque, por mucho que no falten estudios al respecto (11,30,33).

Por ello mismo, en la Comunidad Valenciana se ha vivido estos últimos años (desde 1989 al menos) la ausencia de un Partido DC similar a los antes mencionados (PNV y UDC), tras la transformación de la UDPV que lideró Ruiz Monrabal en la agrupación de similar denominación (cambiando la P de País por la de Poble), ahora no en forma de Partido.

Confiamos en que este paréntesis se resuelva y que la fracción histórica de la DC valenciana emerja a la palestra electoral, de modo que el mapa político de Valencia se vertebre en serio, de modo duradero y no oportunista. No es de recibo que quienes se otorgan la condición cristiano-demócrata específicamente tal, fustiguen (y otras veces fagociten) a quienes persistimos en considerar que la opción DC en política debe recobrar su lugar operativo (al modo de la UDC o el PNV), sin antagonismos frente a otras opciones, y no solo con carácter testimonial como ahora mismo ocurre, con la UDPV que queda.

Es respetable, aunque algunos no lo compartamos, como entiende García Margallo, que sea más razonable adscribirse a grandes Partidos, lo que supone más posibilidades de llegar al Gobierno, solo que suele lograrse tal empeño con una cierta (y a veces amplia) difuminación -cuando no desnaturalización- de los principios fundacionales de la DC. El objetivo primero no debe ser, como señala Iñaki Anasagasti (Periódico El País, 11,octubre,1990), la acumulación de votos cuando el origen de los mismos sea foráneo a la ideología axial de la DC, que deberá seguir siendo, como afirmaba uno de los gigantes fundadores de esta corriente política (De Gasperi, Presidente del Gobierno italiano entre 1945 y 1953), "una fuerza de Centro que mira a la izquierda".

El resultado de los Gobiernos del PP a nivel estatal y en diversas autonomías ha sido validado en diversas convocatorias electorales hasta nuestros días en que dicha formación vive un serio declive, a partir de numerosos casos de corrupción, así como por su gestión más asimilable a la "derecha" convencional que a la DC transformadora, dada la condición "personalista" (no solo "reformista") de esta formulación política, anclada en los Evangelios.

A día de hoy, la evolución de los democristianos emigrados al PP (desde la DC de Javier Rupérez) no ha sido otra que lo esperable; algunos de ellos han ocupado cargos relevantes en el Gobierno Central y en el Autonómico (p.ej. José Manuel García Margallo y Juan Cotino Ferrer, respectivamente), pero, quiérase o no, su impacto respecto al economicismo reinante en dicho Partido da la impresión de haberse diluido como un azucarillo en el agua. Y eso sin descender a otras cuestiones de elevado rango, como el problema del aborto, replanteado en 2014, con el corolario de la dimisión del Ministro de Justicia Ruiz Gallardón.

UN PRÓCER CRISTIANO-DEMÓCRATA VALENCIANO: JOAQUÍN MALDONADO ALMENAR

Durante muchos años (falleció en 2009 a los 101 años de edad) ha venido siendo el referente en quién mirarse para todos cuantos confiamos en el valor del trabajo, la solidaridad, los valores y los principios, el personalismo y el humanismo de raíz cristiana (Fig.9).

Joaquín Maldonado Almenar (fig. 9)

No sabría decir, como hacen los analistas e historiadores (por ejemplo Javier Tusell) , si su densa personalidad se corresponde o no con el criterio democristiano (sin guión), pero no me cabe duda de que sí representó, durante su dilatada y fructífera vida, los valores antes mencionados en una dimensión extraordinaria, auténticamente "popular", por su amplitud de miras y siempre bajo la perspectiva de su pertenencia y su amor a Valencia; algunos (Miquel Alberola) le ha considerado "protector de demócratas valencianos" (Periódico El País, 1 febrero 2009).

Su fundación y Presidencia del "Consell Valencià per L'Humanisme i la Democracia" (1987) condensa exhaustiva y brillantemente todo un ideario que contenía a mi parecer los ingredientes necesarios para la fundación de un Partido cristiano-demócrata valenciano; lo creó como un "germen de un nuevo humanismo y de un nuevo pensamiento valencianos, así como cantera de una nueva generación que, mejor formada, asumiera un protagonismo decisivo de la vida pública".

Ignoro por qué razones este horizonte no llegó a ramos de bendecir, una vez que la UDPV (de la que fue uno de los fundadores y presidente, hasta 1977 (diario El País, 1 febrero, 2009) dejó de estar presente en las contiendas electorales. En el Simposio fundacional que tuvo lugar en el Ateneo de Valencia (del que había sido también Presidente) intervinieron personalidades bien significadas del cristianismo político (Javier Tusell, José María Gil-Robles, Ángel Villanueva, Óscar Alzaga, Javier Rupérez, Iñigo Cavero, García Margallo y otros).

El hecho es que, políticamente, la Comunidad Valenciana se ha deslizado de modo predominantemente bipartidista (PP y PSOE-PSPV) hasta el cambio que se está operando desde 2015, con aparición de dos nuevas formaciones ("Ciudadanos" y "Podemos"), que se añaden a otras fuerzas de moderada implantación (Izquierda Unida, Compromís, que reúne una rama del comunismo y la fracción nacionalista procatalanista "Bloc Nacionaliste Valencià", así como,   por otra parte, el Partido resultante de una escisión del PSOE denominado Unión para el Progreso y la Democracia, (UPyD), y todo ello en un tiempo en que la rapiña, la ostentación, el despilfarro, la desunión lingüística y el "meninfotisme" se han apoderado -y por tanto menoscabado hasta límites impensables- de esta tierra alegre y ubérrima, nada que ver con la Valencia de hace un siglo (con su cumbre de 1909) en que la agricultura (los cítricos sobre todo) y la industria naciente (cerámica, zapatos, turrón,etc.) se expandían por buena parte de Europa, que tuvo su continuidad hacia adelante, bien entrados en el Siglo XX, incluso en los tiempos de la "guerra fría" surgida tras de la II Guerra Mundial,en que algunas empresas valencianas se asentaron en tierras ubicadas más allá del llamado "telón de acero"; p.ej. los Hermanos Pascual, oriundos de Almenara (Castellón), tenían en Praga, desde antes de la invasión soviética en 1968, una delegación de su empresa de cítricos.

Dinamizó la sociedad valenciana al frente de organizaciones como el Ateneo Mercantil, la Sociedad Económica de Amigos del País, el Patronato de la Universitat de Valencia,etc.

Su papel en el Patronato de la Universitat de Valencia fue decisivo en 1973 para la creación, en la Facultad de Filosofía y Letras, de la Cátedra de "Llengua i Cultura Valencianes", a instancias del egregio filólogo Manuel Sanchis Guarner.

Como Presidente del Ateneo Mercantil de Valencia (1955) conformó una directiva de amplio espectro ideológico e impulsó una serie de conferencias sobre economía y Europa que fueron el germen del "Contubernio de Munich" de 1962, en cuyas sesiones preparatorias participó (Miquel Alberola, Diario el País,1 febrero,2009).

Uno de sus logros sociales para Valencia lo constituyó la creación del "Bolsín", que más tarde pasó a ser la Bolsa de Valencia. Otra consecución formidable fue su papel en la puesta en marcha del llamado " Plan Sur " de desviación del Rio Turia, a partir de la riada con inundación de la ciudad sufrida en 1957, operación que resultó complejo llevarla a buen puerto, y ello gracias al tándem constituido por él, el entonces alcalde de Valencia Tomás Trenor y el director de "Las provincias" Martín Dominguez Barberá, que convencieron al Gobierno de Madrid de la necesidad e idoneidad de dicha obra. En efecto, los habitantes de esta ciudad sabemos bien que dicha desviación del rio ha evitado nuevas inundaciones, y, quizás aún más importantemente, ha cambiado tajantemente la Valencia que le precedió a la de nuestros días en que el antiguo cauce del rio lo hemos convertido en un abundante jardín, de uso para todos, hasta para los más exigentes.

En cuanto a su trayectoria política como tal no es de menores dimensiones. Perteneció a la ACNP (Miquel Alberola, Diario el País,1,febrero,2009) y al Partido fundado por Luís Lucía (Derecha Regional Valenciana), que se coaligó con otros Partidos para formar la CEDA. Considerado por algunos (23) discípulo de Luis Lucía, se dice de él que en 1936 "abandonó el posibilismo de este y asumió el impulsivismo golpista de José Mª Gil Robles".

En 1936 fue recluido en la cárcel modelo de Valencia por los partidarios del Frente Popular y por dos veces (tras el correspondiente "passeg") se le iba a ejecutar, pero fue salvado gracias a la intervención de un miembro del Partido comunista (Periódico El País, 5 febrero, 2009).

Logró que la pena de muerte que había decretado el General Franco a Luis Lucía (aparte de la que estuvo en curso de imponerle a su vez el Gobierno republicano) fuera conmutada por la de cadena perpetua, por la ayuda expresa del Arzobispo de Valencia D. Prudencio Melo. Joaquín Maldonado le ayudó (también en lo material) en los últimos días de su vida, hasta su fallecimiento en Castellón(23). Contribuyó a lograr la "excarcelación de los represaliados por el Régimen del General Franco" (23), así como también llevó a cabo "una ingente labor acercando posiciones entre vencedores y vencidos" (Periódico El País 1,febrero,2009). De él se dijo también que, aunque en tiempos se sentía franquista, en 1940 se situó en uno de los bandos que se movían frente al Dictador.

Entre las distinciones que recibió se cuentan la de Hijo Predilecto y Medalla de Oro del Ayuntamiento de Valencia y

-más tardíamente, un año antes de su fallecimiento- la Medalla de Honor de la Fundación General de la Universitat de Valencia, que recogió en su nombre su hija Pilar.

Realmente algunos entendemos que Joaquín Maldonado trabajó denonadamente para que en vez de dos Españas hubiera una sola, algo así como hizo Luís Lucía y muchos otros, que acabaron malinterpretados por ambos lados. Pero su grandeza queda ahí. Por eso le consideramos un auténtico prócer, y en muchos aspectos un héroe.

UNA PROPUESTA DE FUTURO

Casualmente, este capítulo que cierra el presente opúsculo lo escribo cuando acaban de celebrarse Elecciones Municipales y Autonómicas en casi toda España, que presentan la novedad del ascenso de nuevas formaciones políticas (en especial "Ciudadanos" y " Podemos"), que vienen a desbordar el previo estado del predominio del bipartidismo (PP y PSOE) de los últimos lustros.

En relación con esta reflexión, tras la experiencia democrática española que partió en 1977, es lógica una cierta reflexión acerca de dos aspectos: a) ¿qué queda de los años precedentes de la aportación cristiano-demócrata a la gobernación estatal y autonómica? y b) ¿qué parecen añadir los nuevos Partidos en el sentido de la incidencia del criterio creencial en el diseño de una supuesta nueva política ?

Aunque cuanto ahora refiera tenga la condición de lo provisional y a título, en buena parte, de mera opinión personal respecto a las dos preguntas precedentes, considero lo siguiente:

a) continúan con distinta intensidad los dos Partidos nacionalistas doctrinalmente cristiano-demócratas: el PNV y la UDC. Sigo sin entender el papel específico de los "cristianos" del PSOE (representados de facto por el castellano-manchego José Bono y por el gallego José Blanco), en especial por su posición relativa al candente tema del aborto. Por otro lado enfatizar el problemático papel del autodenominado "humanismo cristiano" del contenido programático del PP, que realmente es la versión "descafeinada" del auténtico carácter revulsivo de cualquier política de inspiración cristiana, como hemos referido en las páginas precedentes.

b) en relación con "Ciudadanos", lo primero que destaca es la escasa especificidad operativa que encierra esta denominación, comportando teóricamente posibilidades tanto positivas como negativas, aunque demos por supuesta la intención favorable al desarrollo de todas las que cada ciudadano encierra (cada "persona" preferimos nosotros decir). En lo económico y administrativo llama la atención cuanto menos (y cierta repulsa) que se fuera a aumentar el precio del pan, o bien a eliminar los municipios de menos de 5000 habitantes (p.ej. el pueblo en que yo mismo he nacido, en la Costera de Valencia), etc. Y a tenor netamente de posibles pactos con otras formaciones políticas, formulan la afirmación nada "edificante" de que únicamente entrarían en algún gobierno en el caso de que ellos lo presidieran. Finalmente, apenas o nada se les ha oído acerca de cuál sea la base moral o ética en que se asientan, aunque poco a poco se van auto-definiendo como liberales.

c) en cuanto a "Podemos" conocemos la frase de su fundador Pablo Iglesias de que el "poder no se alcanza con consensos sino asaltándolo", que evoca a los que somos mayores una similar pronunciada en los años cincuenta (Siglo XX) por Mao-Tse-Tung en los aledaños de la toma del poder en China por parte de dicho personaje (algo así como que "el poder se consigue con la punta del fusil", afirmaba). Es verdad que, en pocos meses, ese efluvio se ha acompasado a los enormes méritos históricos del sistema democrático, por muy que el desarrollo de este, a día de hoy, deje mucho que desear por causa de los malversadores del mismo (léase "corruptos"). De algún modo ha aceptado el conjunto de este partido la condición pluripartidista de nuestra sociedad y ya ha cosechado (elecciones autonómicas 2015) numerosos votos (similares en cantidad a "Ciudadanos"), en moderada dimensión, como todos los demás. Es curioso finalmente, y aleccionador, que en uno de sus spots publicitarios electorales este formación afirme que su "prioridad son las personas y no los mercados". Excelente, solo que de dicha formulación a la puesta en práctica en las instituciones de los valores inalienables de todas y cada una de las personas a lo Tomás Moro(27), Luis Lucía (21) o Maritain (25) va un largo trecho. Pero, por supuesto, siguiendo el método democrático (y no otros).

Nuestra sociedad muestra cada vez más su madurez política y cultural, como era de esperar y ya demostró en la transición a la democracia, después de la dictadura del General Franco.

Todo parece que se abre en España algo (ya en curso en otras partes del mundo occidental) que sea llegar a los pactos de gobernabilidad que vengan conferidos por los resultados electorales, sentándose en una misma mesa para ello, sin imposiciones, empleando la herramienta más fiable, pero más difícil, que es el diálogo, así como también la transparencia y el cumplimiento de códigos de moral/ética confluyentes, en lo que la experiencia de la DC tiene mucho que aportar ,y todo ello bajo la égida de poder"decir lo que se siente y no sentir lo que se dice". En todo caso, tal como afirmó Winston Churchill, siempre es mejor estar negociando alrededor de una mesa -aunque sea difícil llegar a acuerdos- que estar guerreando o aguijoneándose, para no llegar nunca jamás ya a las guerras abiertas que tanto han jalonado la historia de la humanidad y que son como "una batidora que mueve,mezcla y destroza a la gente" (Lluís Bassets, Periódico el País, 24 mayo, 2015).

Huir en todo caso de la formación de dos bloques antagónicos que fueran a revivir la trágica experiencia de los años 30 del siglo XX en España, que pudieran ahora (como algunos propugnan) constituir el PP (como la CEDA) y "Podemos", con sus adláteres, al modo del Frente Popular de entonces, no olvidando que alguna dictadura (como la de Hitler) fue propiciada de modo democrático por sus votantes, lo que algunos han etiquetado como "la dictadura de los votos". No es eso, pues la democracia ha mostrado su atractivo y considerables logros a nivel general, de manera que una buena parte de los países en desarrollo se marcan como un objetivo a conseguir la obtención del poder y adecuada gestión del mismo emplazados en el marco democrático en favor del bien general (para la DC al modo de Tomás de Aquino con su " bien común").

Es una lástima que la democracia interna de la ONU se halle estancada -y mermada- por la persistencia del veto de varios países (EEUU, Reino Unido, Francia, Rusia y China), a quienes por cierto no se les ve traer a colación esta problemática. No han faltado en este tema importantes iniciativas pluralistas cívicas (Periódico El País), que a poco de su iniciación han sido "silenciadas", lo que sugiere -sin recurrir a la malquerencia ni a la maledicencia- que uno o más grupos de presión importantes se oponen a tales avances, lo que resulta más que preocupante.

En todo caso, los postulados de la DC expuestos en este opúsculo, son los que entendemos contienen la más ancha y profunda posibilidad de lograr una vida más plena, alegre y "rentable" para todas y cada una de las personas que constituimos el planeta tierra, y que vienen a ser, en síntesis, los siguientes:

a) la dignidad de la persona habrá de estar en el frontispicio de la acción político-social.

b) la postura creencial (en nuestro caso el cristianismo) contiene las mayores expectativas para el bienestar general,

c) el método democrático es el inexcusable para la selección de los responsables de la cosa pública,

d) por las características del ser humano en general,

por sus sombras y sus luces, habrá de ser operativo un mínimo seguimiento del cumplimiento de su deber por parte de los servidores públicos, en evitación de todo tipo de anormalidades,

e) la actividad laboral y económica habrá de tender a ser alrededor de un 5o% público-privada, en porcentaje cambiante en función de la transparencia ,operatividad y sentido de servicio al bien general.

f) la actividad política se evitará que resultara una profesión, sino más bien una aportación, voluntaria -y hasta cierto punto obligada- de toda persona, al menos para la selección de las más cualificadas para cada cometido. A este respecto será fundamental la limitación (a 8 años) del tiempo máximo de permanencia en el poder.

g) los logros generales de los Estados deben ensamblarse unos con otros, potenciando un sistema federal/confederal, primero continental y luego mundial, propiciando la creación de un gobierno Central planetario, a partir de la actual ONU si fuera posible, o bien desde otro mecanismo organizativo (sin privilegios ni asimetrías).

h) resulta ineludible la desactivación bélica hasta llegar al desarme completo o, al menos, a sus mínimas expresiones.

i) la empresa privada debe desterrar de su contenido el afán de "lucro" y quedar como un servicio más a los ciudadanos, empleando las ganancias en su mayor parte para reinversión en la dinámica empresarial propia o ajena.

j) entendemos que la Religión y la Política son dos caras de una misma moneda y que no pueden por tanto ir cada una por su cuenta.

Finalmente, en concreto en la Comunidad Valenciana, está madura y pendiente (para su completa vertebración) la creación de una DC valenciana y nacionalista, al estilo del PNV y de la UDC, de algún modo continuadora en la pelea electoral de la UDPV y de los defensores de esta ideología que nos han precedido (Luís Lucía Lucía, Vicente Ruiz Monrabal y Joaquín Maldonado Almenar, entre otros).

BIBLIOGRAFÍA

1. Acevedo, Marcello.
Vivir la fe en un mundo plural.
Editorial Verbo Divino. Estella (Navarra). 1993.

2. Álvarez de Miranda, Fernando.
Del "contubernio" al consenso.
Edit. Planeta. Barcelona. 1985.

3. Álvarez de Miranda, Fernando.
La España que soñé.
La Esfera de los Libros. Madrid . 2013.

4. Alzaga Villamil, Óscar.
La primera Democracia Cristiana en España.
Edit. Ariel. Esplugues de Llobregat. Barcelona. 1973.

5. Anasagasti Olabeaga, Iñaki.
Extraños en Madrid.
Flor del Viento Ediciones. Barcelona. 2010.

6. Barón Crespo, Enrique.
La era del federalismo.
Edit. RBA Libros S.A. Barcelona. 2014.

7. Bataller Sifre, Ramón.
Hacia una única Democracia Cristiana en España.
Fundación Humanismo y Democracia (documento interno). Valencia.
1983.

8. Bataller Sifre, Ramón.
Medio siglo en la Facultad de Medicina de Valencia (1954-2004).
Edit. Obra Propia. Valencia. 2012.

9. Caldera Rodríguez,Rafael.
Especificidad de la Democracia Cristiana.
Edit. Nova Terra. Barcelona. 1973.

10. Carrera i Carrera, Joan.
La revolución de cada día.
Cristianisme i Justicia. Barcelona. 2014.

11. Colomer Ferrándiz, Agustí.
Retrobar la tradició.
Editorial Saó. Valencia. 1996.

12. Da Cruz,H.
Autogestión y Socialismo.
Agisa Edit. Madrid. 1971.

13. Duràn Lleida, Josep Antoni.
Entre una Espanya i l´altra.
Columna Edicions S.A. Barcelona. 2007.

14. Frei Montalva, Eduardo.
El camino a seguir, en "El Pensamiento Demócrata-Cristiano",
Edit. Roy, Joaquín.
Ediciones de Cultura Hispánica. Madrid. 1991.

15. Gil Robles, José María.
Federación Popular Democrática.
Edit.Albia. Bilbao. 1977.

16. Gil Robles, José María.
No fue posible la paz.
Edit. Ariel. Barcelona. 1968.

17. González Moralejo, Rafael.
La justa distribución de las rentas.
Edit Euraméricana. Madrid. 1958.

18. Juan Pablo II.
 Encíclica Laborem Exercens.
 Edic. Paulinas. Madrid. 1981.

19. Juan Pablo II.
Memoria e identidad.
Edit. La Esfera de los Libros. Madrid. 2005.

20. López Aranguren, José Luís.
Ética y Política.
Ediciones Guadarrama. Madrid. 1968.

21. Lucía Lucía, Luís.
En estas horas de transición.
Editorial "Diario de Valencia". 1930.

22. Madariaga y Rojo, Salvador.
España. Ensayo de Historia Contemporánea.
Espasa Calpe S.A. Madrid. 1979.

23. Maldonado Rubio, Alfonso.
El camino inverso.
Edit. Denes S.L. Paiporta (Valencia). 2008.

24. Marías Aguilera, Julián.
La devolución de España.
Espasa Calpe.S.A. Madrid. 1977.

25. Maritain, Jaques.
El hombre y el Estado.
Ediciones Encuentro. Madrid.1983.

26. Miró Ardèvol, Josep.
El desafío cristiano.
Editorial Planeta. 2005. Barcelona.

27. Moro, Tomás.
La Utopía.
M.E.Editores. Madrid. 1996.

28. Papa Francisco.
Evangelii Gaudium.
Ediciones Palabra. Madrid. 2013.

29. Pérez Roldán, Carmen.
Historia de España.
Edit. Sekutia,S.L. Madrid. 2012.

30. Piqueras Infante, Andrés.
La identidad valenciana.
Escuela Libre Edit. Madrid. 1996.

31. Roy, Joaquín.
El pensamiento demócrata-cristiano.
Ediciones de Cultura Hispánica. Madrid. 1991.

32. Ruiz Giménez, Joaquín.
El Concilio y los derechos del hombre.
Edit. Cuadernos para el Diálogo, S.A. Edicusa. Madrid. 1968.

33. Ruiz Monrabal, Vicente.
Por una política valenciana.
Cooperativa Artes Gráficas San José. Godella (Valencia).

34. Rupérez Rubio, Javier.
Democracia Cristiana: la alternativa.
Ediciones Ruán S.A. Alcobendas (Madrid). 1988.

35. Spranger, Eduardo.
Formas de vida.
Revista de Occidente. Madrid. 1966

36. Tusell Gómez, Javier.
 Historia de la Democracia Cristiana en España.
 Ediciones Sarpe. Madrid. 1986.

37. Tusell Gómez, Javier.
Ideario Popular Democrático.
Fundación Humanismo y Democracia. Madrid. 1983.

ÍNDICE DE PERSONAS

AGRADECIMIENTOS

A María Dolores Alberola García, tras nuestra no convivencia sino vida en común, que ya se viene prolongando más de medio siglo, y que confío y deseo que sea para siempre.

A María Dolores Bataller Alberola por su ayuda técnica y paciencia para que este escrito haya podido llegar a ramos de bendecir.

A cuantas personas que, por su apoyo y en cualquier caso por su tolerancia y paciencia, soportaron mi dedicación a cuanto fundamenta el contenido de este opúsculo.